Andreas A. Junge
Arndt E. Schnepper

Für Gott werben

Das Buch für Öffentlichkeitsarbeit
in Kirche und Gemeinde

R BROCKHAUS

Bibelstellen wurden zitiert nach:
Gute Nachricht Bibel, revidierte Fassung,
durchgesehene Ausgabe in neuer Rechtschreibung,

Lutherbibel, revidierter Text 1984,
durchgesehene Ausgabe in neuer Rechtschreibung,

Fotos, Illustrationen, Gestaltung und Satz:
Andreas Junge, Witten

Druck und Bindung: FINIDR s.r.o., Tschechien

ISBN 3-417-24869-8
Bestell-Nr. 224.869

Inhalt

Tipp 1 Legen Sie Kommentarkarten aus, mit denen Sie um Feedback bitten. Halten Sie Kontakt zu den Absendern mit Einladungen und aktuellen Informationen.

Für Gott werben

Wir können es uns schon lange nicht mehr leisten, für die beste Nachricht aller Zeiten mit vielleicht gut gemeinten, aber schlecht gemachten Sprüchen zu werben. Hier sollte uns das Beste gerade gut genug sein, und da bietet das Buch von Andreas Junge und Arndt Schnepper eine Menge praktischer Hilfen an. Man muss kein Profi sein, um damit wirkungsvoll zu arbeiten.

Präses Peter Strauch
Erster Vorsitzender der Evangelischen Allianz

Für Gott werben – geht das eigentlich? Schon der Apostel Paulus hat die Christen seiner Zeit auf ihre Öffentlichkeitswirksamkeit aufmerksam gemacht: „Ihr seid ein Brief des Christus, gelesen von allen Menschen!"
Dieser Auftrag gilt. Wir sollen nicht Endverbraucher der Liebe Gottes sein. Als Christen haben wir eine Bringschuld. Das Evangelium ist nicht unser Privatbesitz, sondern eine Botschaft „an alles Volk", wie Martin Luther sagte. Ich freue mich über dieses kreative und inspirierende Werkbuch von Arndt Schnepper und Andreas Junge. Es sollte weiteste Verbreitung finden. Denn es hilft uns bei dem, was unser vornehmster Auftrag ist: Für Gott werben.

Dr. Roland Werner
Vorsitzender des Christivals

Werbung: eine Haltung

Solange Werbung nichts kostet, ist sie in den meisten Fällen auch kein Thema. Sobald aber der erste Kostenvoranschlag auf dem Tisch liegt und harte Zahlen zur Diskussion stehen, scheiden sich die Geister. Deshalb ist es wichtig, zu klären, welche Rolle die Werbung im christlichen Glauben einnimmt. Ist sie nur eine mögliche Option, auf die man gegebenenfalls auch verzichten kann, oder ist Werbung mehr?

Das Alte Testament

Wer die biblischen Texte unter dem Gesichtspunkt der Werbung durchschaut, stellt fest, dass Werbung nicht als eine isolierte Handlung betrachtet wird. Sie ist vielmehr eine Haltung, die dem Wesen Gottes entspricht. Die Bibel beschreibt Gott als einen werbenden Gott. Es reicht ihm nicht aus, dass er den Menschen das Leben ermöglicht. Er will darüber hinaus ihr Vertrauen und ihren Glauben gewinnen. Deshalb sucht Gott sie. Im Alten Testament sind es vorzugsweise die Propheten, die die Werbung Gottes um die Menschen sehr deutlich zum Ausdruck bringen. So ist es z.B. Hosea, den Gott zum Volk Israel sendet, „wie denn der HERR um die Israeliten wirbt" (Hosea 3,1), oder Jesaja, der seine Zeitgenossen werbend einlädt: „Wohlan, alle, die ihr durstig seid, kommt her zum Wasser! Und die ihr kein Geld habt, kommt her, kauft und esst" (Jesaja 55,1).

„Wohlan, alle, die ihr durstig seid, kommt her zum Wasser!"

Jesus Christus

Gott wirbt um die Menschen. Er überlässt sie nicht sich selbst oder anderen Göttern. Und er führt diese Werbung immer wieder durch andere Menschen aus. Diese Werbung findet ihren Höhepunkt in der Menschwerdung seines Sohnes. Jesus Christus vergleicht sein Kommen im Gleichnis von der Hochzeitsfeier mit einer großen Werbekampagne (Lukas 14,15–24). Und er selbst lädt ein: „Kommt her zu mir, alle, die ihr mühselig und beladen seid; ich will euch erquicken" (Matthäus 11,28).

„Kommt her zu mir, alle, die ihr mühselig und beladen seid; ich will euch erquicken."

Paulus

Diese werbende Haltung wird später auch von den frühen Christen übernommen. Sie lassen sich nicht an den Rand drängen, sondern suchen die Öffentlichkeit. Prägnantes Beispiel dieser urchristlichen Öffentlichkeitsarbeit ist der Apostel Paulus. Ohne Scheu tritt er auf den griechischen Areopag und wendet sich an seine Zuhörer: „Paulus aber stand mitten auf dem Areopag und sprach: Ihr Leute von Athen, ich sehe, dass ihr die Götter in allen Stücken sehr verehrt. Ich bin umhergegangen und habe eure

Heiligtümer angesehen und fand einen Altar, auf dem stand geschrieben: Dem unbekannten Gott. Nun verkündige ich euch, was ihr unwissend verehrt" (Apostelgeschichte 17,22–23). Neben der öffentlichen Predigt benutzt Paulus als Werbemittel seine Briefe. Die allermeisten seiner heute noch erhaltenen Brief haben ja keine persönliche Adressaten, sondern sind an ganze Gemeinden gerichtet und waren auch zum Weitergeben bestimmt (Kolosser 4,16; 1. Thessalonicher 5,27).

Die Reformation

Auch die Kirchengeschichte ist prall gefüllt mit Beispielen, wie Werbemittel für das Evangelium genutzt werden. Die Reformation wäre ohne die fast zeitgleiche Einführung des Buchdrucks nur schwer möglich gewesen. Dank der genialen Erfindung von Johannes Gutenberg verbreiteten sich die Schriften Martin Luthers in Windeseile in ganz Europa. Luther selbst sagte: „Die Buchdruckerei ist das höchste und letzte Geschenk, durch welches Gott die Sache des Evangeliums vorantreibt: Es ist die letzte Flamme vor dem Auslöschen der Welt. Die heiligen Väter, die längst entschlafen sind, hofften diesen Tag der Offenbarung des Evangeliums zu erleben."

Gutenbergs Erfindung ist für manche die Entdeckung des letzten Jahrtausends.

Der Pietismus

Ein Leitmotiv des Pietismus lautete: „Das Wort Gottes reichlicher unter uns bringen". Der Theologieprofessor August Hermann Francke wandte sich deshalb an den Freiherrn von Canstein mit dem Plan, durch ein neues Druckverfahren eine Massenverbreitung der Bibel auch unter der ärmeren Bevölkerung zu erreichen. Von 1712 bis 1812 verbreitete die von Cansteinsche Bibelgesellschaft fast eine Million Neue Testamente und zwei Millionen Vollbibeln. „Preach and print" war eine Maxime von John Wesley, dem Begründer der methodistischen Bewegung.

Freiherr von Canstein machte Bibeln bezahlbar: Kostete um 1450 eine Gutenberg-Bibel noch 100 Gulden, so war 1713 die Cansteinsche Vollbibel schon für 6 Groschen zu haben. Der Monatslohn eines Gesellen betrug 6½ Gulden (1 Gulden = 24 Groschen).

Tipp 2 Lassen Sie Ihre Gottesdienste in das kommunale Gottesdienstverzeichnis eintragen.

Merkmale einer Werbung für Gott

Wer steht im Mittelpunkt?
Im Zentrum unserer Werbung steht die Gute Nachricht von Jesus Christus und die Dimensionen, die er eröffnet. Diese grundlegende Perspektive ergibt eine große Sachlichkeit in der Ausführung der Werbung. Allzu oft leidet nämlich die Werbung einer Gemeinde an den persönlichen Vorlieben von Mitarbeitern. Und wie oft fühlen sich Einzelpersonen bei einem Pressebericht oder im Gemeindebrief nicht genügend gewürdigt. Es geht aber bei der Werbung von und für Kirche nicht um uns, sondern um Größeres: Christus und seine Gemeinde.

Die persönliche Werbung ist das Standbein, die Werbemittel sind das Spielbein.

Das Personale hat Vorrang
Es kann nicht oft genug betont werden: Das wesentliche Element einer guten Gemeinde-Werbung sind die Menschen, die zu ihr gehören. Was nützt der schönste Hochglanzprospekt, wenn die Zusammenarbeit in Gemeindeleitung oder Presbyterium schlecht ist? Was kann schon ein moderner und sehgerechter Internetauftritt erreichen, wenn die Gottesdienste und Gemeindeprogramme wenig einladend sind? Um es mit einem Vergleich aus dem Fußball auszudrücken: Die persönliche Werbung ist das Standbein, die Werbemittel sind das Spielbein. Nur wenn ich sicher stehe, kann ich auch einen Treffer erzielen.

Die Authentizität
Ein wichtiger Grundsatz in der Gemeinde-Werbung ist: Wir zeigen nichts im „Schaufenster", was wir nicht auch wirklich bieten können. Das heißt z.B. konkret: Wir gehen ehrlich mit Zahlen um. In unserer Pressearbeit schreiben wir nicht von 500 Besuchern beim Konzert, wenn tatsächlich nur 350 anwesend waren. Ehrlichkeit und Authentizität betreffen aber nicht nur die moralische Ebene, sondern auch die atmosphärische Dimension. Es ist wichtig, dass der Werbeauftritt auch zur eigenen Gemeindekultur passt. Unser werblicher Eindruck sollte mit unseren Werten und den Mitgliedern übereinstimmen.

Tipp 3 **Schreiben Sie redaktionelle Andachten für die Tageszeitungen.**

Suche nach Qualität
In einer Zeit, wo Briefkästen und Tageszeitungen mit Werbung überquellen, sollten wir uns ernsthaft darum bemühen, auf angenehme Art und Weise aufzufallen. Deshalb ist ein Minimum an Mitarbeitern, Zeit und Geld unerlässlich. Es ist der Sache einer Gemeinde nicht wirklich förderlich, wenn sie ausschließlich mit schlecht kopierten Waschzetteln an die Öffentlichkeit tritt.

Kein falsches Konkurrenzdenken

Sicher: Als Mitarbeiter einer Gemeinde sind wir in erster Linie auch für unsere eigene Gemeinde verantwortlich. Wir können schlecht auch noch die Verantwortung für andere Kirchen und Gemeinden an dieser Stelle übernehmen. Das sollte aber nicht dahin führen, dass wir unsere Gemeinde als „allein selig machende Kirche" betrachten. Ein Ausblenden der benachbarten Gemeinden oder gar ein Schlechtmachen ihrer Angebote verbietet sich. Als christliche Gemeinden und Kirchen streben wir – auf oft unterschiedliche Weise – ein gemeinsames Ziel an.

Zielgruppen kennen

„Wer alle erreichen will, erreicht am Ende niemand." Diese alte Werbeerfahrung hat schon Paulus gemacht. Deshalb stellte er sich sehr individuell auf römische, griechische und jüdische Zuhörer ein (1. Korinther 9, 20–22). Entsprechend kommt es für uns darauf an, einzelne Altersgruppen und gesellschaftliche Milieus möglichst gezielt zu erreichen. Um es im Bild auszudrücken: Werbung sollte nicht die Gießkanne sein, die über alle Menschen ausgegossen wird, sondern eher das persönlich servierte, erfrischende Glas Wasser.

„Wer alle erreichen will, erreicht am Ende niemand."

Auf die Blickrichtung kommt es an

Noch etwas können wir von Paulus lernen. Denn er hat noch einen weiteren Werbe-Grundsatz beherzigt: „Vom Markt her denken – zum Markt hin handeln". Der „Markt" sind für die Gemeinde die Menschen, denen ihr Auftrag gilt. Paulus hat sich in die Köpfe seiner Zuhörer versetzt, ihre Fragen aufgegriffen, z.B. ihre Suche nach dem „unbekannten Gott". Er hat nicht einfach „fromme Richtigkeiten" verkündet oder Antworten auf Fragen gegeben, die niemand gestellt hat. Orientieren Sie sich an Paulus. Versetzen Sie sich in die Köpfe und Herzen der Menschen, die Sie erreichen wollen – es wird Ihre Werbung verändern, weil sich Ihre Blickrichtung verändert. Nur wenn Sie die Wünsche und Sorgen, die Interessen und die Sprache Ihrer Zielgruppe kennen, kann das, was Sie sagen, ankommen.

„Vom Menschen her denken – zum Menschen hin handeln."

Nur Mut!

Es stimmt: Viele Firmen und Organisationen verfügen über Schwindel erregende Summen für Werbung. Besteht überhaupt eine reelle Chance, dass wir als Gemeinden hier auffallen? Wir meinen, unbedingt! Unsere Chancen liegen in unserem Angebot an sich, nämlich dem Evangelium. Es verfügt über eine eigene Anziehungskraft, die wir nicht anpreisen müssen, sondern nur überzeugend darzustellen brauchen.

Wie Werbung funktioniert

Wiedersehen macht Freude

Sind das wirklich Tomaten? Finden Sie den Anblick komisch? Sieht das appetitlich zum „Reinbeißen“ aus?

Gegenüber Neuem sind wir Menschen von Natur aus zunächst skeptisch und zurückhaltend. In fremder Umgebung fühlen wir uns nicht wohl, nicht „zu Hause“. Wer bestellt im Restaurant schon gerne etwas zu essen, was er gar nicht kennt (es müssen ja nicht gleich blaue Tomaten sein)? Egal, ob Bilder, Gesichter, Töne, Stimmen, Musik, Geruch oder Geschmack: Das „Wiedererkennen“ macht Freude. Irgendetwas in unserem „Speicher“, unserem Gehirn, muss wohl auf „Einprägen durch Wiederholung“ programmiert sein. Genauso ist es auch im Umgang mit anderen Menschen. Man vertraut einem „Bekannten“ eher als einem Fremden. Es besteht ein untrennbarer Zusammenhang von Wiedererkennen, Gewohnheit und Vertrauen.

Ob hier die Ursache dafür steckt, dass auch in der Werbung die gleichen „Mechanismen“ greifen? Denn erfolgreiche Werbung lebt von der richtigen Mischung aus „Neuem“ und „Vertrautem“. Werbung, die „funktioniert“, greift Bekanntes, Gewohntes auf und interpretiert oder kombiniert es neu. Wenn dabei mitgedacht werden muss, prägt sich das Gesehene noch besser ein.

Damit wir als Gemeinde besser wahrgenommen werden können, müssen wir auf Gewohnheit setzen, ja Gewohnheiten schaffen. Dabei kommt es gar nicht in erster Linie darauf an, dass das „Erscheinungsbild“ ästhetisch ansprechend ist (das ist natürlich hilfreich!), sondern dass wir immer wieder von den Menschen, die wir erreichen wollen, gesehen werden – wieder erkennbar auf Anzeigen und Plakaten, im Internet und am Gebäude, im Gemeindebrief und auf Einladungszetteln.

Bereits nach ein bis zwei Jahren sind hier deutliche „Erfolge“ zu bemerken. Sie werden merken, dass Sie in der Öffentlichkeitsarbeit davon profitieren und darauf aufbauen können.

Machen Sie den Menschen die Freude und lassen Sie sich „wieder sehen“.

Tipp 4 **Besuchen Sie öffentliche Veranstaltungen und informieren Sie sich über das, was in Ihrer Umgebung „dran“ ist.**

Vertrauen – eine Frage der Persönlichkeit

Wenn Werbung funktionieren will, muss sie auf Vertrauen setzen. Vertrauen ist mehr als die logische Konsequenz von Wiedererkennen und Gewohnheiten. Vertrauen hat auch mit dem Charakter und der Persönlichkeit eines Unternehmens oder einer Organisation zu tun.

Um dies zu verstehen, ist es hilfreich, sich eine Person vorzustellen. Jeder Mensch besitzt Werte, Anschauungen, Ideen und Pläne. Alle diese ideellen Elemente lassen sich unter dem Stichwort „Identität" zusammenfassen. Interessant ist nun die Frage, wie diese „Identität" ihren Ausdruck findet, damit sie von anderen wahrgenommen wird. Sicher ist dabei das, was ein Mensch sagt, wichtig. Aber was nützen die schönsten Reden oder Texte, wenn Verhalten oder Kleidung dagegen sprechen. Das macht unglaubwürdig. Vertrauen und Glaubwürdigkeit wachsen durch die Übereinstimmung von Kommunikation, Verhalten und Aussehen.

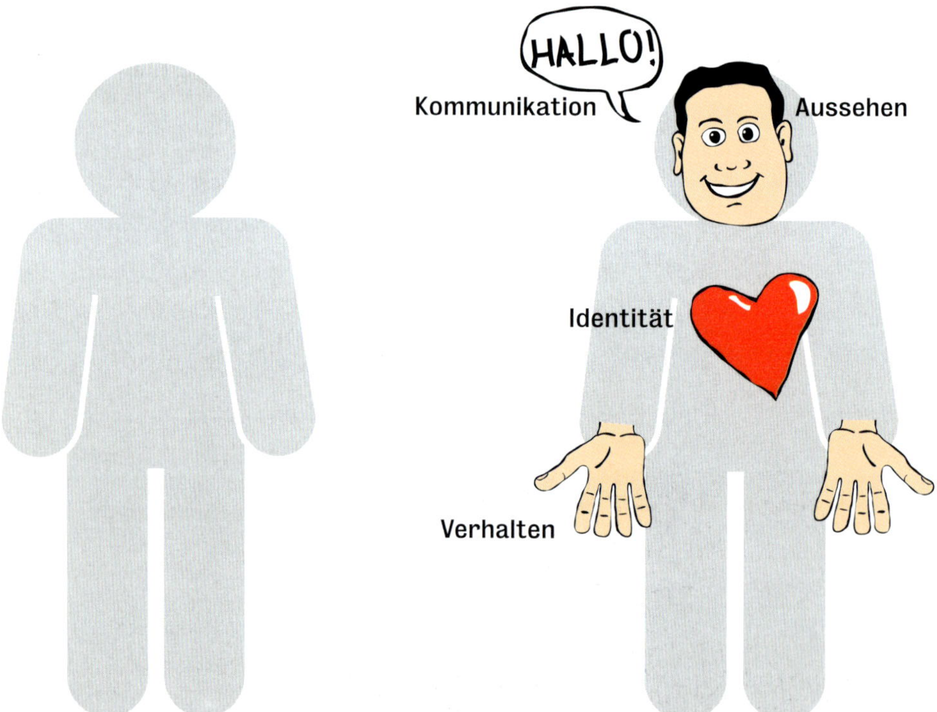

Die Identität

Die Wissenschaft der Werbung hat bereits vor vielen Jahren entdeckt, dass sich dies auch auf Unternehmen und Organisationen übertragen lässt. Was für einzelne „Körper" gilt, hat auch Relevanz für ganze „Körperschaften". So spricht man auch von der „Corporate Identity" (Unternehmens-Identität) einer Organisation, die vermittelt wird durch:

→ Corporate Communication (Unternehmens-Kommunikation)
→ Corporate Behaviour (Unternehmens-Verhalten)
→ Corporate Design (Unternehmens-Aussehen)

„Corporate" bedeutet dabei nicht „einheitlich", sondern schlicht „körperschaftlich". Die folgenden Seiten werden Ihnen helfen, die Persönlichkeit Ihrer Kirche zu entdecken und dies in vertrauensbildende Kommunikation, authentisches Verhalten und wieder erkennbares Aussehen umzusetzen. Dabei ersetzen wir das Wort „Corporate" einfach durch „Church" bzw. „Gemeinde". Es geht also um die Entdeckung Ihrer „Church Identity" (Gemeinde-Identität) und die Konsequenzen für Ihre „Church Communication" (Gemeinde-Kommunikation), das „Church Behaviour" (Gemeinde-Verhalten) und das „Church Design" (Gemeinde-Aussehen).

Tipp 5 **Legen Sie eine Antwort- oder Kommentarkarte in jedes Liederbuch.**

Menschen wollen ihrer Gemeinde vertrauen können. Sie brauchen Glaubwürdigkeit und Authentizität. Geben Sie Ihnen Gelegenheit dazu, durch eine „wiedererkennbare" Persönlichkeit. Lassen Sie Vertrauen wachsen, indem Sie die drei Ausdrucksformen der „Church Identity" aufeinander abstimmen und durch Wiederholung zur Gewohnheit werden lassen.

Tipp 6 **Haben Sie schon ein beleuchtetes Zeichen außen an Ihrem Gebäude?**

CC Church Communication – Gemeinde-Kommunikation

Zur Kommunikation einer Kirche gehören alle Werbemittel und -maßnahmen, mit denen man sich an die Öffentlichkeit und die eigenen Mitarbeiter und Mitglieder wendet.

CB Church Behaviour – Gemeinde-Verhalten

Das Verhalten umfasst die Kultur sowohl gegenüber der Öffentlichkeit als auch den eigenen Mitgliedern oder Mitarbeitern/innen.

CD Church Design – Gemeinde-Aussehen

Das Aussehen oder Erscheinungsbild wird dargestellt mit eigenem Signet, Farben und Schriften. Diese wiederum sind für alle Kommunikationsmittel in der Gestaltung verbindlich. Viele Unternehmen und Organisationen greifen ihr „Corporate Design“ sogar für die Kleidung der Angestellten und in der Architektur der Gebäude auf.

CI Church Identity – Gemeinde-Identität

Die Persönlichkeit umfasst u. a. Geschichte, Werte, Anschauungen, Ideen, Atmosphäre, Charakter, Pläne, Stärken und Schwächen.

Die Gemeinde-Identität – „Church Identity“

Nichts ist einfacher, als dieses Konzept der Corporate Identity auf Gemeinden und Kirchen zu übertragen. Jede Gemeinde ist ja im neutestamentlichen Sinne auch ein Individuum mit einer eigenen Identität. So bezeichnet Paulus die Gemeinde in Korinth als den „Körper Christi“. Und nun kommt alles darauf an, die Werte und Ziele der jeweiligen Gemeinde authentisch und glaubwürdig darzustellen.

Um die eigene Identität klarer zu sehen, hilft es, sich zunächst selbst im Spiegel zu betrachten. Genauso wichtig ist die Wahrnehmung von Fremden. Beides zusammen ergibt ein Bild Ihrer Gemeinde-Persönlichkeit. Fragen sind dabei eine gute Hilfe. Lassen Sie sich von den Fragen auf dieser Seite anregen, die Persönlichkeit Ihrer Kirche zu entdecken. Lassen Sie die weg, die nicht zu Ihnen passen, und ergänzen Sie nach Belieben.

Wer sich auf dieses Thema einlässt, wird einen Prozess in Gang setzen, der Gemeinde nicht nur beschreibt, sondern auch verändert. Denn wenn eine Gemeinde sich über das Ziel ihrer Arbeit Gedanken macht, wird sie auch Wege überlegen, es zu erreichen. Oder sie wird feststellen, dass sie nicht da steht, wo sie gerne sein möchte ...

Entdecken Sie Ihre Gemeinde-Identität

→ Wie heißt die Gemeinde oder Kirche?
→ Welche Ziele, welche Vision hat unsere Gemeinde?
→ Was glauben wir?
→ Welche Werte hat unsere Gemeinde?
→ Welche Traditionen sind bei uns lebendig?
→ Was unterscheidet uns von anderen Gemeinden?
→ Was haben wir mit anderen gemeinsam?
→ Was sind Schwerpunkte unserer Arbeit?
→ In welcher Umgebung leben wir?
→ Gibt es eine Zusammenarbeit mit anderen Kirchen und Gemeinden?
→ Welche Personen(-gruppen) wollen wir ansprechen?
→ Welche erreichen wir tatsächlich?
→ Gibt es besondere Stärken? Welche?
→ Gibt es Schwächen? Welche?
→ Welche Struktur hat die Gemeinde?
→ Wer leitet?
→ Wer entscheidet?
→ Wie transparent ist die Kommunikation?
→ Welche Gruppen gibt es?
→ Ist die Gemeinde wirklich „ein Leib“?
→ Welche Rolle spielen ehrenamtliche Mitarbeiter?
→ Was bedeutet „Gemeinde“: Gottesdienst? Haus? Leute?

Tipp 7 **Starten Sie eine Umfrage in Ihrem Stadtteil. Sie erfahren zum einen, was man über Ihre Kirche denkt. Zum anderen bringen Sie sich ins Gespräch.**

Die Gemeinde-Kommunikation – „Church Communication"
„Zu-ga-be! Zu-ga-be! Zu-ga-be!" Sie kennen das. Nach dem Konzert verlangt ein großer Teil des Publikums lautstark nach mehr. Stellen Sie sich einmal vor, jeder im Publikum würde etwas anderes rufen. Das gäbe nur viel Lärm – eine Wirkung hätte es kaum. Erst wenn alle mit „einer Stimme" sprechen, wird die Aussage verständlich und sogar hinter der Bühne vernehmbar.

Ähnlich ist es auch mit der Kommunikation von Gemeinde oder Kirche. Es ist spürbar, ob eine Gemeinde mit „einer Stimme" spricht, also ein abgestimmtes Konzept hat, das sich in Gesten, Formulierungen und Inhalten wieder findet – oder eben nicht. Wenn Arbeitskreise weder Termine miteinander abstimmen noch auf eine einheitliche Linie in der Veröffentlichung achten, so wirkt diese Art der Kommunikation nach außen und innen.

Auch hier lohnt es sich, Paulus zu zitieren. Im 1. Korintherbrief 14, 7–9 schreibt er: „Denkt an die einzelnen Musikinstrumente, an die Flöte oder die Harfe. Wenn sich die einzelnen Töne nicht deutlich unterscheiden, ist keine Melodie zu erkennen. Und wenn die Trompete kein klares Signal gibt, wird keiner zu den Waffen greifen. Bei euch ist es genauso: Wenn ihr mit eurer Stimme undeutliche Laute von euch gebt, kann niemand verstehen, was ihr sagt. Ihr sprecht dann in den Wind."

Einige Beispiele der Gemeinde-Kommunikation:
- → Internetauftritt
- → Gemeindebrief
- → Pressearbeit
- → Prospekte und Poster
- → Anzeigen
- → Außenwerbung

Verschaffen Sie Ihrer Kirche, Ihrer Gemeinde Gehör. Entdecken Sie die klare, gemeinsame Stimme, indem Sie aufeinander hören, sich aufeinander „abstimmen".

Tipp 8 **Sammeln Sie mal alles, was Ihre Gemeinde im letzten Jahr veröffentlicht hat, und freuen Sie sich über die gemeinsame Linie.**

Das Gemeinde-Verhalten – „Church Behaviour“

Woran kann man Ihre Gemeinde erkennen? Jesus hat von seinen Jüngern gesagt, dass ihr Erkennungszeichen die Liebe ist. Leben Sie das glaubwürdig? Ist das „erkennbar“? Nach innen im liebevollen Umgang miteinander? Nach außen im Engagement für die Armen, Schwachen und Benachteiligten der Gesellschaft?

Das Verhalten jeder Person, jeder Organisation und Gemeinde hinterlässt nachhaltige Spuren. Suchen Sie aktiv Gelegenheiten dazu. Gehen Sie in die Öffentlichkeit. Sie werden nicht glauben, wie viele Möglichkeiten es gibt – wenn man sie nur nutzen würde.

- Veranstalten Sie ein Gesprächs-Forum zu ethischen Fragen.
- Seien Sie auf Orts- und Stadtteilfesten präsent.
- Laden Sie Künstler ein zu Konzerten, Ausstellungen, Theateraufführungen.
- Bieten Sie Lebenshilfe für Randgruppen der Gesellschaft.
- Engagieren Sie sich bei Projekten in benachteiligten Ländern.
- Kümmern Sie sich regelmäßig um arme, schwache, kranke, fremde, behinderte Menschen.

Ihr Verhalten ist aber auch innerhalb der Gemeinde wichtig. Nur wenn es Ihnen auf Dauer gelingt, eine anziehende Gemeinde-Kultur zu entwickeln, wird Ihre Werbung Erfolg haben. Zu diesem „internen Gemeinde-Verhalten“ zählen u.a.:

- die Motivation und Förderung von Mitarbeitern
- ein konstruktiver Umgang mit Kritik
- ein offensiver Umgang mit Informationen
- eine gute Balance zwischen Mitarbeit und Feiern, zwischen Einsatz und Freizeit.

Ein bekanntes Sprichwort sagt: „Das, was wir tun, spricht viel lauter als das, was wir sagen.“ Und wenn wir eine Gemeinde sein wollen, die „offen“ und einladend für andere ist, brauchen wir nicht zuerst einen bunten Briefbogen, sondern „offene Arme und einladende Herzen“.

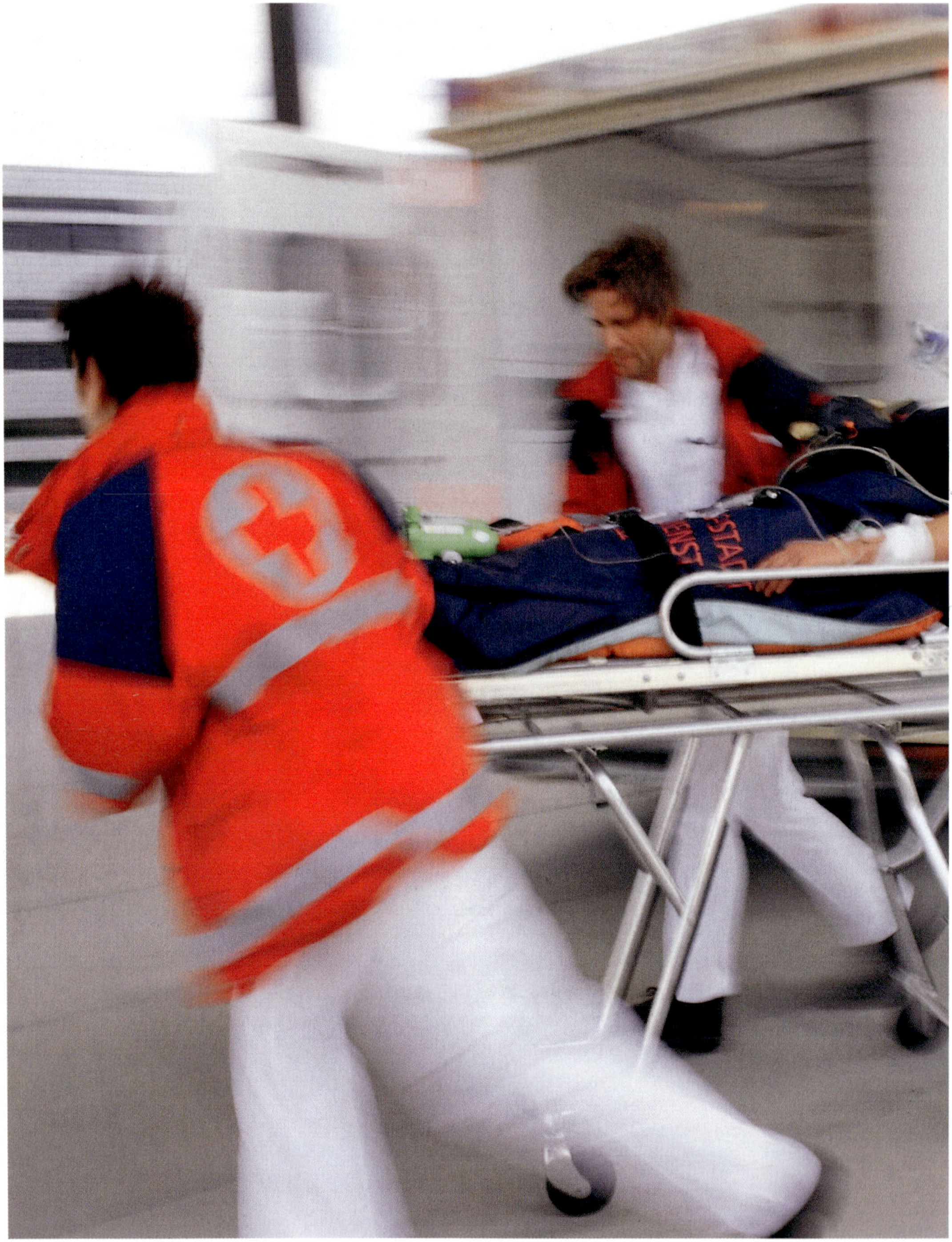

Wiedererkennbares Gemeinde-Aussehen – „Church Design“
Einheitliches Aussehen bietet viele Vorteile: Denken Sie zum Beispiel an Ärzte oder Sanitäter. Durch ihre einheitliche Kleidung mit wiedererkennbaren Symbolen werden sie sofort als Helfer in der Not wahr genommen. Ohne die „weißen Kittel“, oder die „roten Kreuze“ nähme sie niemand zur Kenntnis.

Ganz ähnlich treten Mannschaften im Sport auf. Einheitliche Trikots und Farben verwandeln Einzelspieler in ein Team. Und damit identifizieren sich auch die Fans.

Wie tritt Ihre Gemeinde in der Öffentlichkeit auf? „Wiedererkennbar“ oder „unauffällig“?

Nutzen die einzelnen Veröffentlichungen die Chance, als „Mannschaft“ aufzutreten, oder möchte jeder gerne in seinem Lieblings-T-Shirt oder -anzug aufs Spielfeld rennen?

Es geht dabei nicht um Gleichmacherei, sondern darum, die Möglichkeiten des Zusammenwirkens, der Synergie, zu entdecken und damit Vertrauen zu nutzen oder zu er-„werben“. Denn Einheitlichkeit ist kein Selbstzweck – sie stiftet Vertrauen. Zu einem solchen Erscheinungsbild gehören in der Regel:

→ Signet als Erkennungszeichen
→ vielleicht ein Slogan
→ Farben
→ Schriften
→ Bilder

Leider kann man oft beobachten, dass die mögliche Einheitlichkeit der persönlichen momentanen Laune des „Machers“ zum Opfer fällt. Da gibt es zum Beispiel eine einheitliche „Hausschrift“, aber dem Gemeindebrief-Gestalter gefallen „Arial“, „Times“ und „Bauhaus“ viel besser – und so werden die Chancen, die ein durchgängig wiederkennbares Erscheinungsbild bietet, nicht genutzt, sondern falsch verstandenener Kreativität geopfert.

Tipp 9 **Lassen Sie T-Shirts bedrucken und treten Sie als Team am Info-Stand in die Öffentlichkeit.**

Entscheidend ist nicht, was dem Macher „gefällt“, sondern was der Gemeinde-Identität entspricht.

Die Spannung zwischen Identität und Image

Die Vorstellungen, die Sie selbst und andere Mitglieder von Ihrer Kirche oder Gemeinde haben, werden sich vermutlich schon unterscheiden. Wie viel mehr werden sie von den Vorstellungen der Menschen in der Umgebung Ihrer Kirche abweichen?

Kennen Sie das Bild, das Ihre Nachbarn oder andere Menschen aus Ihrer Stadt von Ihrer Gemeinde haben? Vielleicht empfinden Sie selbst Ihre Gemeinde als bunt, lebendig und innovativ – Fremde erleben sie aber als altmodisch und konservativ. Oder Sie empfinden das Miteinander in der Gemeinde eher kühl und distanziert – Außenstehende jedoch freuen sich, in Ihrer Gemeinde warmherzig und liebevoll aufgenommen zu werden.

Werbung und Öffentlichkeitsarbeit haben die Aufgabe, ein Bild (Image) Ihrer Kirche oder Gemeinde in die Köpfe und Herzen der Menschen in Ihrem Umfeld zu projizieren. Wie bei einem Projektor ist dabei entscheidend wichtig, richtig scharf zu stellen. Das Dia verändert sich dabei nicht, wohl aber das projizierte Bild (Image). Wer nicht richtig fokussiert, erzeugt nur ein verzerrtes oder unscharfes Bild.

Welches Image Ihrer Gemeinde projizieren Sie in die Öffentlichkeit? Können es die Menschen, die Sie erreichen wollen, auch „scharf" genug erkennen? Denn wichtiger als Ihre eigene Wahrnehmung ist, wie Sie von außen wahrgenommen werden.

Dieses projizierte Bild (Image) ist unscharf, weil die Einstellung nicht stimmt. So kann das Original (Identität) nicht wahrgenommen werden.

Manchmal muss man sich auf den Kopf stellen, um „richtig" anzukommen – wie bei einem Dia.

Die ersten 7 Schritte

Auf dem Weg zu einer erfolgreichen Öffentlichkeitsarbeit empfehlen wir diese ersten sieben Schritte. Damit Sie konkret sehen können, wie sich die grundsätzlichen, strategischen Überlegungen in die Praxis umsetzen lassen, demonstrieren wir dies am Beispiel einer fiktiven Kirchengemeinde, die wir Petrus-Gemeinde genannt haben. Ähnlichkeiten mit einer echten Petrus-Gemeinde wären zufällig.

Darüber hinaus gibt es viele, viele Möglichkeiten, Ihre Kirche oder Gemeinde in der Öffentlichkeit darzustellen. Lassen Sie sich von den Ideen in diesem Buch zu eigenen Maßnahmen anregen. Übertragen Sie die Konzepte auf Ihre Situation.

Die ersten 7 Schritte sind aus unserer Erfahrung die unentbehrlichsten, und sie sind auf fast jede Gemeinde übertragbar. Außerdem gibt es eine ganze Reihe von Anregungen, die Sie zu weiteren Schritten inspirieren können. Jede Idee ist mit einem Index versehen, in dem Sie auf einen Blick die Lebensdauer, den Aufwand und die Kosten sehen können. Die Punkte bedeuten:

Lebensdauer	●	●●	(sehr) kurz
	●●●	●●●●	durchschnittlich
	●●●●●	●●●●●●	(sehr) lang
Aufwand	●	●●	(sehr) gering
	●●●	●●●●	normal
	●●●●●	●●●●●●	(extrem) groß
Kosten	●	●●	(sehr) günstig
	●●●	●●●●	durchschnittlich
	●●●●●	●●●●●●	(sehr) teuer

Tipp 10 **Beantragen Sie bei den städtischen Behörden die Erlaubnis, ein öffentliches Hinweisschild an den Stadtgrenzen aufstellen zu dürfen.**

1: Gemeinde-Design

Nicht nur in Köln sind diese beiden Türme seit lamgem bekannt.

Kirche als Wahr-Zeichen
Jahrhundertelang hatten die meisten Kirchen ein prägnantes und weithin sichbares Erkennungszeichen: sich selbst. Dies war Ausdruck des Stellenwertes von Kirche. Sie standen im Zentrum und prägten das Leben der meisten Städte und Dörfer unseres Landes – und häufig deren Erscheinungsbild. Heute ist das eher die Ausnahme. Egal, ob man dies nun begrüßt oder bedauert – längst haben Banken, Kaufhäuser, Fußballstadien und Konzernkomplexe diesen Platz eingenommen.

Stolz auf das eigene Gebäude?
Anfang des letzten Jahrhunderts in der Gründerphase der Industriegesellschaft zierten häufig Fabrikgebäude – am besten noch mit rauchendem Schornstein – Briefbogen und Anzeigen. Man kann diesen Briefbögen den Stolz des Fabrikbesitzers anmerken, in einem imposanten modernen Gebäude seine Produkte herzustellen. Längst ist diese Phase vorbei. Bildmarken, Signets, Schriftzüge sind an die Stelle getreten. Sie prägen sich besser, schneller ein, weil sie einfacher sind, besser erkennbarer, prägnanter.

Es ist verständlich, dass Kirchenvorstände oder die Leitungskreise von Gemeinden stolz auf ihr eigenes Gebäude sind. Aber das ist noch kein Grund, daraus ein Signet werden zu lassen. Gemeinde, Kirche ist mehr als ein Haus. Auch wenn im Sprachgebrauch „Ich gehe zur Kirche“ meint: „Ich gehe in das Gebäude und besuche die Sonntagsveranstaltung“, so ist Gemeinde doch eigentlich die Beziehung von Menschen zueinander und zum gemeinsamen Vater im Himmel. Dies gilt es, in einem Zeichen zum Ausdruck zu bringen. Wenn dabei das Gebäude eine Rolle spielen kann, weil es besonders prägnant und gut erkennbar, einzigartig gestaltet ist – wunderbar! Aber doch eher die Ausnahme. Allen anderen sei empfohlen, ein unverwechselbares Signet zu finden, das dann vielleicht sogar auf dem Gebäude zu sehen ist.

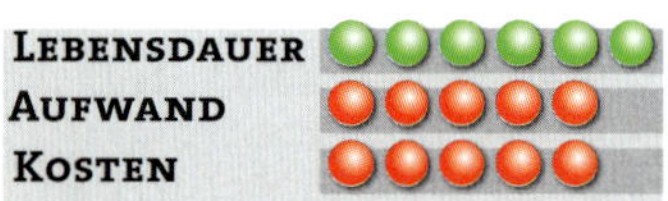

Voraussetzungen für ein gutes Signet
Was macht ein Signet zu einem guten Signet, zu einem echten Wahrzeichen? Sieben Voraussetzungen bzw. Kriterien sind es, die dabei eine wichtige Rolle spielen.

1 Name

Der Name der Kirche oder Gemeinde ist ein erster wichtiger Bestandteil eines Signets. Oft ist er vorgegeben und kann nicht verändert werden. Prüfen Sie, ob ein Zusatz, ein so genannter „Claim", möglich und sinnvoll ist. Ist jedoch eine „neue" Namensgebung möglich, beachten Sie bitte dies:

→ Freikirchen tun gut daran, im Namen Seriosität zu signalisieren. Das baut Ängste und Vorurteile gegenüber vermeintlichen „Sekten" ab.

→ Alteingesessenen Kirchen sei empfohlen, Wärme, Sympathie und Lebendigkeit zu artikulieren.

2 Prägnanz

Das Signet muss klar erkennbar sein. In wenigen Sekunden soll der Betrachter erkennen können, was gezeigt wird. Dabei kann das Signet durchaus mehrere Dimensionen besitzen, die sich nicht alle sofort auf den ersten Blick erschließen.

3 Stempelcharakter

Eine wichtige formale Eigenschaft ist die Notwendigkeit, ein Signet auf eine Farbe reduzieren und stark verkleinern zu können. Viele bunte Zeichen mit Schatten und Verläufen genügen diesem Anspruch nicht. Sie sind gut beraten, ein Signet zunächst in Schwarzweiß auf diese Eigenschaft hin zu überprüfen.

4 Authentizität

Das Signet soll der Ausdruck der ganzen Persönlichkeit Ihrer Gemeinde oder Kirche sein. Es soll „passen" wie ein Maßanzug. Es soll nichts vermitteln, was Ihre Gemeinde nicht hält. Es soll im besten Wortsinn ein Wahr-Zeichen sein.

5 Wiedererkennbarkeit

Eng mit der Prägnanz verbunden ist die Wiedererkennbarkeit. Das Zeichen muss dazu nicht nur prägnant sein, sondern sich auch von ähnlichen deutlich genug unterscheiden und sich leicht merken lassen, um das „Wiedersehen" (siehe Seite 10) zu ermöglichen.

Tipp 11 **Stellen oder hängen Sie eine Mitnehm-Box im Eingangsbereich auf und bieten Sie interessante Informationen an.**

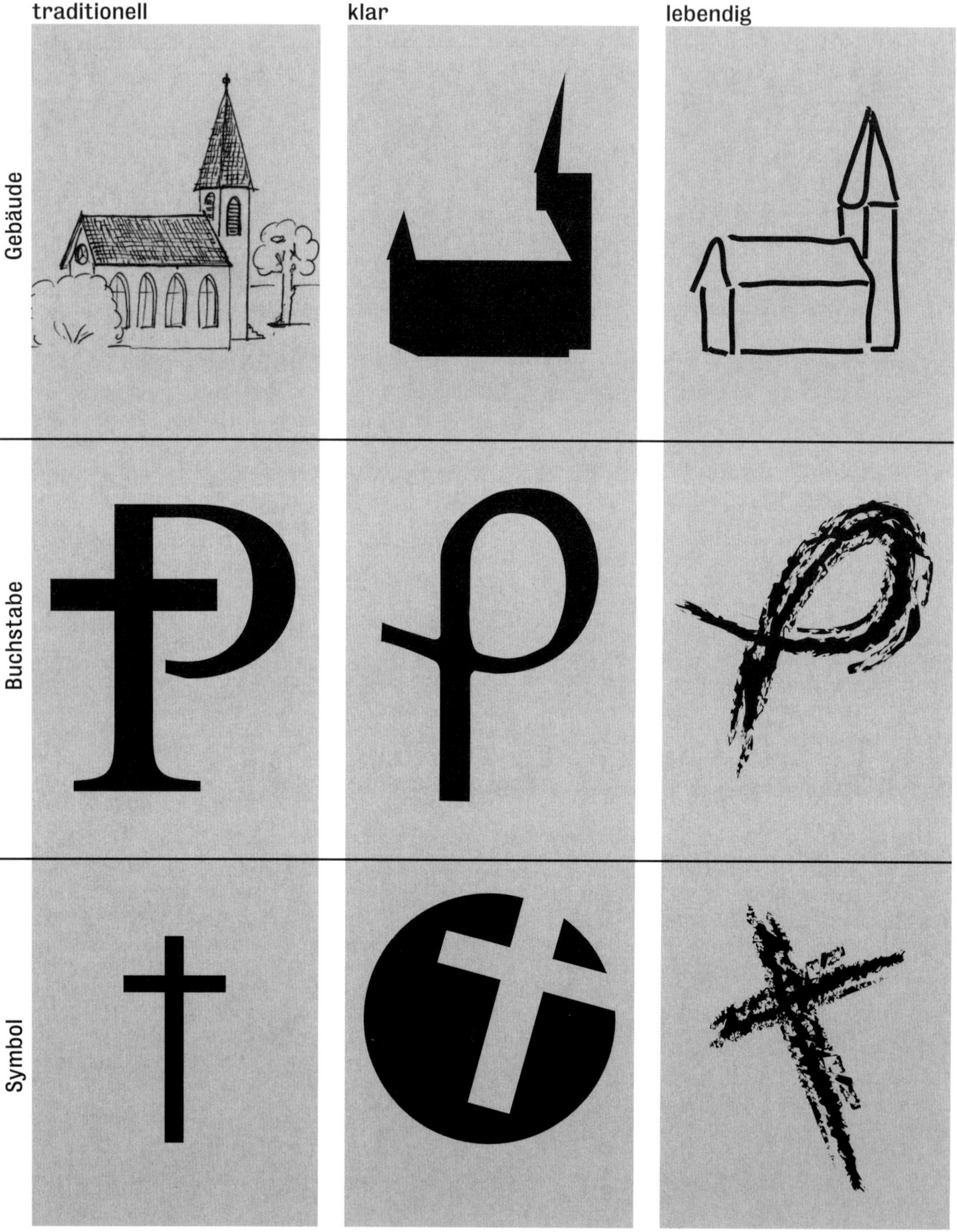
traditionell
klar
lebendig
Gebäude
Buchstabe
Symbol

6 Ästhetischer Wert

Über Geschmack lässt sich sehr gut streiten – auch wenn das Sprichwort etwas anderes behauptet. Aber Achtung: Nicht alles, was bei der Gestaltung eines Signets wichtig ist und zu ästhetischer Qualität verhilft, ist Geschmackssache. Fachleute (Designer, Grafiker) haben gelernt, wie ein Zeichen auszusehen hat. Sie kennen Trends und haben ein Gespür und viel Erfahrung. Denn es ist oft wichtig, nicht das Gewohnte zu zeigen, sondern Bekanntes mit Neuem zu verbinden.

7 Mut

Gute Design-Lösungen erfordern Mut und den Willen, sie auch tatsächlich umzusetzen. Und dann einen langen Atem, um sich selbst treu bleiben zu können. Wie bei vielen Veränderungsprozessen werden Sie auch hier nicht sofort alle begeistern können.

Und ehrlich gesagt: Wenn sich niemand ärgert, wenn alles ganz einfach und glatt läuft, sollten Sie stutzig werden. Dann ist die Idee vielleicht gar nicht neu.

Keine einfache Entscheidung

Stilistisch ist dabei manches möglich. Die nebenstehende Übersicht zeigt beispielhaft, wie ein Zeichen für eine Kirche aussehen kann. Überprüfen Sie, welches Signet dem Wesen und dem Wunschbild Ihrer Gemeinde entspricht.

Kirchen und Gemeinden, die einer Organisation angeschlossen sind, haben sich an dieser Stelle die Frage zu stellen, ob sie ein eigenes Erscheinungsbild möchten oder ob sie sich dem gemeinsamen Erscheinungsbild anschließen. Die Vorteile:

→ Gerade kleine Gemeinden profitieren von gemeinsam entwickelten und produzierten Ideen.

→ Die Präsenz und damit die Wiedererkennbarkeit in der Öffentlichkeit steigen. Stellen Sie sich einmal vor, jedes McDonalds-Restaurant würde selbst entscheiden, mit welchem Signet geworben wird. Es wäre eine Imbissbude wie viele andere.

Entscheidung der Petrus-Gemeinde: Die Variante „Buchstabe/lebendig“ überzeugt unseren fiktiven Gemeindevorstand am meisten. Besonders gut kam die Vielfältigkeit des Signets an: „P“, „Kreuz“ und „Fisch“ sind erkennbar. Die Dynamik des Zeichens passt zur Lebendigkeit der Gemeinde.

Rot → Kraft, Energie, Antrieb, Feuer, Wärme, Liebe, Leidenschaft, Blut – Aggression, Gefahr, Krieg, Mut

Orange → Lust, Wärme, Genuss, Freude, anregend, inspirierend

Gelb → Licht, Sonne, Frische, Reife, Weisheit – Neid
Gold → Ewigkeit, Herrlichkeit, Luxus

Grün → Natur, Leben, Wachstum, Hoffnung, Vertrauen, Zufriedenheit, Beruhigung, Sicherheit – Gift

Blau → Himmel, Wasser, Sehnsucht, Hingabe, Ruhe, Gelassenheit, Kühle – Kälte

Violett → Spannung, Melancholie – Beunruhigung, Depression, Verzicht

Grau → Neutralität, Blässe – Mittelmaß, Zurückhaltung, Gleichgültigkeit

Schwarz → edel, gediegen, exklusiv, – Dunkelheit, Asche, Tod, Trauer, Kummer

Weiß → Unschuld, Reinheit, Offenheit – Leere

Die Farben

Welche Farbe(n) Sie auswählen, sagt viel über Ihre Kirche aus. Sind Sie sicher, dass diese Aussage zur Persönlichkeit Ihrer Gemeinde passt? Die Wahl der richtigen Farbe ist mehr als eine Frage persönlicher Vorlieben. Denn es gibt Farben, die mit bestimmten Bedeutungen assoziiert werden. Deshalb hängt Ihre Farbwahl vom Charakter Ihrer Gemeinde und dem gewünschten Image ab.

„Farbe bringt Freude ins Leben“ und „Grau ist alle Theorie“. Zwei Sprichwörter bringen es auf den Punkt: Farben und Emotionen hängen eng zusammen. Das hat mit der Struktur des menschlichen Gehirns zu tun. Die linke Hälfte ist für die Analyse, Sprache und logisches Denken verantwortlich, die rechte dagegen für Emotion, Farbwahrnehmung, Erlebnisgedächtnis und analoges Denken. Es gibt berechtigten Grund zur Annahme, dass die wichtigen Entscheidungen von der rechten emotionalen Gehirnhälfte getroffen werden, „aus dem Bauch“. Die Logik braucht dann einige Zeit, um solche Entscheidungen zu erklären, zu analysieren. Umso wichtiger ist es, sich über die Bedeutung von Farbe klar zu werden.

So ratsam es ist, ein Signet in der Entstehungsphase in Schwarzweiß auf seine formale Qualität zu überprüfen, so wichtig ist es, die zur Persönlichkeit passende Farbe auszuwählen. Auf der nebenstehenden Seite erkennen Sie, wie die neun Beispiel-Farben den Charakter eines Zeichens verändern. Schauen Sie sich jedes einzelne Zeichen an. Am besten decken Sie dabei die anderen jeweils ab.

Welche Farben passen zur Persönlichkeit Ihrer Gemeinde?

Dabei können unsere Augen wesentlich mehr Zwischentöne wahrnehmen. Mehr dazu und zur korrekten Bezeichnung der Farben finden Sie im Kapitel „Gut zu wissen“ auf Seite 116.

**Entscheidung der Petrus-Gemeinde für Blau und Orange.
Blau ist die Lieblingsfarbe vieler Menschen in unserem Kulturkreis.
Die Zusatzfarbe Orange setzt Signale.**

Serif

Petrus-
Gemeinde
ITC Slimbach (medium)

Petrus-
Gemeinde
Stempel Garamond (bold)

Petrus-
Gemeinde
Bodoni (bold condensed)

*Petrus-
Gemeinde*
FF Scala Serif (italic)

Petrus-
Gemeinde
ITC Berkeley Old Style (bold)

Petrus-
Gemeinde
Minion (bold)

Petrus-
Gemeinde
ITC Stone (semibold)

Petrus-
Gemeinde
Rotis Serif 55

Sans Serif

Petrus-
Gemeinde
Frutiger 67 (bold condensed)

Petrus-
Gemeinde
FF Meta (bold)

Petrus-
Gemeinde
Quay ITC (bold)

Petrus-
Gemeinde
Eurostile (demi)

Petrus-
Gemeinde
Bureau Grotesk ThreeSeven

Petrus-
Gemeinde
Gill Sans (bold)

Petrus-
Gemeinde
ITC Stone Sans (semibold)

Petrus-
Gemeinde
Rotis Sans Serif 55

Originelles & Individuelles

Petrus-
Gemeinde
Bandit

Petrus-
Gemeinde
Batmos

Petrus-
Gemeinde
Childs Play AgeNine

Petrus-
Gemeinde
Leonardo Hand

Petrus-
Gemeinde
Mister Earl

Petrus-
Gemeinde
Serpentine (medium)

Petrus-
Gemeinde
Spumoni

Petrus-
Gemeinde
Shelley Volante Script

Die Schrift
Vielfach unterschätzt, aber von großer Bedeutung für das Erscheinungsbild ist die Wahl der richtigen Schrifttype, weil sich auch hier die Persönlichkeit widerspiegelt. Dazu ein paar praktische Beispiele:

Milch

Jahrgangs-Sekt

ROTWEIN

Kinder-Limonade

Nitro-Verdünnung

Genauso wie Sie bei diesen Wörtern intuitiv spüren, dass der Inhalt nicht zur Schrifttype passt, so sollten Sie auch bei der Wahl der richtigen „Hausschrift" die Gemeinde-Persönlichkeit berücksichtigen.

Dabei ist diese Schriftauswahl nicht in erster Linie für den Schriftzug im Signet gedacht. Vielmehr gilt sie für die Texte aller Werbemittel – vom Briefbogen über Prospekte, Flyer und Poster bis zur Anzeige und zum Orientierungs-System im Haus. Gerade hier zeigt sich, wie konsequent ein Erscheinungsbild umgesetzt wird.

Petrus-Gemeinde

Die Auswahl
Beschränken Sie sich bei der Wahl der passenden Hausschrift auf zwei Schrifttypen – eine Grundschrift für Fließtexte und eine Schrift für Hervorhebungen wie Überschriften, Zitate und Vorspann. Achten Sie darauf, dass die ausgewählte Schrift in unterschiedlichen „Schnitten" existiert. Dann haben Sie mehr Gestaltungsspielraum.

Für das Erscheinungsbild der Petrus-Gemeinde wählen wir die gut lesbare ITC Slimbach zusammen mit der Frutiger 67 (bold condensed).

Mehr zum Thema Schrift und Typografie finden Sie im Kapitel „Gut zu wissen" auf Seite 106.

Zu dem dynamischen Signet passt eine klare, moderne Schrifttype.

Frutiger 67 (bold condensed)
ITC Slimbach (medium)
ITC Slimbach (medium)
ITC Slimbach (medium)
ITC Slimbach (medium)
ITC Slimbach (medium)
ITC Slimbach (medium)
ITC Slimbach (medium)
ITC Slimbach (medium)

Keine Angst vor Menschen:
Gehen Sie ruhig dicht ran.
Das Ergebnis sind Bilder,
die Nähe vermitteln.

Bilder

Bilder erzählen Geschichten. Durch die richtige Auswahl bestimmen Sie, ob diese Geschichten Ihrer Persönlichkeit entsprechen. Wenn Sie Emotionen und Sympathie vermitteln wollen, dann fangen Sie Stimmungen ein. Wenn für Ihre Gemeinde Menschen wichtiger sind als Gebäude, dann beweisen Sie es! Wenn Sie die Nähe zu Menschen suchen, dann gehen Sie auf Menschen zu und zeigen Porträts. Wenn Sie eine ehrliche, lebendige, lebensbejahende Gemeinde sind, dann legen Sie auch bei den Abbildungen Wert darauf.

→ Vermeiden Sie schlechte oder unpassende Abbildungen. In einer Zeit, in der jeder mit einer Digitalkamera Aufnahmen macht, gilt es, besonders sorgfältig zu prüfen, ob das Bild Ihren Ansprüchen genügt – und geeignet ist, das Bild Ihrer Gemeinde-Persönlichkeit zu vermitteln.

→ Konzentrieren Sie sich auf einige typische, gute Motive und setzen Sie auch diese Bilder ganz bewusst wiederholt ein, damit man Ihre Gemeinde gut wieder erkennt.

Mehr zum Thema Bilder finden Sie im Kapitel „Gut zu wissen" auf Seite 118.

Tipp 12 **Fotografieren Sie Nähe. Gehen Sie dicht ran. Lieber weniger Personen zeigen als eine große Gruppe.**

Falz- und Lochmarke
Die obere Kante ist die erste Falzmarke bei 105 mm, die untere in der Mitte des Bogens bei 148 mm ist die Markierung zum Lochen.

Signet oben rechts
Damit wird der abgeheftete Brief beim Durchblättern leicht gefunden.

Ränder:
20 mm Rand links
Dann stehen Adresse und Brieftext „an einer Linie".
5 mm oben und rechts
sind vorteilhaft beim Fotokopieren und Faxen.

2: Briefpapier & Co

Die erste Bewährungsprobe muss ein neues Signet auf Briefbögen und anderen „Basics" wie Visitenkarten, Beschriftungen, Umschlägen, Stempel, Siegel bestehen. Gemeinsam ist diesen Anwendungen die klare einheitliche Linie, die durchgängige Platzierung von Signet und Schriftzug.

Briefbogen

Der Briefbogen ist erst fertig gestaltet, wenn er beschrieben ist. Deshalb gehört zum Erscheinungsbild auch die Bestimmung von Regeln für das Beschreiben des Bogens. Da in einer Gemeinde unterschiedliche Ansprechpartner per Brief kommunizieren, ist die Möglichkeit zur Ergänzung der individuellen Daten vorgesehen.

Dieser Bogen lässt sich verwenden für:

→ normale Briefe nach „außen"
→ Rundschreiben und Mitteilungen nach „innen"
→ Bescheinigungen
→ Urkunden.

Außerdem ist der Bogen so gestaltet, dass weder beim Faxen noch beim Fotokopieren wichtige Details unleserlich werden.

Der Briefbogen orientiert sich an der gültigen Norm und kann daher auch im Fensterumschlag verschickt werden. Falz- und Lochmarken erleichtern den Umgang mit dem Bogen.

Visitenkarten

Im Standardformat 55 x 85 mm. Da die Visitenkarten im Verhältnis zur Auflage relativ teuer sind, sollten Sie möglichst alle Versionen gemeinsam mit der gleichen Auflage drucken lassen. Alternativ können Sie auch die Vordrucke nutzen, die im nächsten Kapitel beschrieben werden.

Stempel/Siegel

Zu beachten ist hier, dass die Schriften nicht zu klein sein dürfen. Die Farbe des Stempelkissens bestimmt logischerweise die Farbe des Abdrucks und sollte daher passend gewählt werden. In unserem Beispiel passt natürlich Blau am besten.

Tipp 13 Legen Sie die vorgedruckten Bögen als Kopierpapier in den Fotokopierer, dann ist jeder Brief ein Original.

Lebensdauer	●●●●●
Aufwand	●●●●
Kosten	●●●●

fromm. fröhlich. frei.
Petrus-
Gemeinde
fromm. fröhlich. frei.
Petrus-
Gemeinde

3: Das Vordruck-Paket

Erfahrungsgemäß sind die häufigsten Werbemittel in Kirchen und Gemeinden Plakate, Flyer, Prospekte und Karten. Wie lassen sich diese unterschiedlichen Maßnahmen einheitlich, aber nicht langweilig, attraktiv, aber kostengünstig gestalten? Denn im Unterschied zu „Briefpapier & Co“ unterliegen diese Anwendungen einer höheren Aktualität. Zwar sollen sich die gleichen Grundelemente des Erscheinungsbildes widerspiegeln, doch gilt es, sehr flexibel und kreativ auf die spezifischen Anforderungen des jeweiligen Werbemittels einzugehen. So muss der Flyer zur Worship-Night des Jugendkreises anders aussehen als eine Einladung zu Bibelabenden im Seniorenkreis. Bei beiden aber muss der gemeinsame Absender deutlich erkennbar sein. Nur so unterstützen sich die einzelnen Werbemaßnahmen gegenseitig und schaffen das Vertrauen, das die „Wiedersehensfreude“ (siehe Seite 10) ermöglicht.

Damit dies besonders gut und einfach gelingt, hat sich die Petrus-Gemeinde für ein Paket von „multi-versellen“ Vordrucken entschieden, die die wesentlichen Elemente des Erscheinungsbildes zeigen und für eine Vielzahl von Möglichkeiten einsetzbar sind.

Im Einzelnen sind dies:

→ Plakatvordrucke
→ DIN-A4-Vordrucke für Flyer im DIN-A5- oder DIN-lang-Format
→ Vordrucke für Handzettel im Format DIN lang
→ Vordrucke für Kärtchen, die als Visitenkarten, Namensschilder und Grußkarten verwendet werden.

Dieses Paket wurde anhand einer Prioritätenliste ermittelt und deckt etwa 95 % aller Anwendungen ab.

Tipp 14 **Gestalten Sie die Vorlagen für Beamer-Präsentationen im Gottesdienst mit Ihrem „Church-Design“.**

LEBENSDAUER	●●●●●
AUFWAND	●●●●●
KOSTEN	●●●●

Schmaler Weg 7, 54321 Weidenbach, Telefon 02 34 56/57 80, www.für-Gott-werben.de/Petrus-Gemeinde
fromm.fröhlich.frei.
Petrus-Gemeinde
Andreas
Bettina
lebens-
länglich?!
Themen-Gottesdienst
1. April 2007, 11.00 Uhr
Weidenbach, Schmaler Weg 7
12.30 Uhr gemeinsames Mittagessen
Moderation: Christa Lustig
Predigt: Pastor Christian Ernst

Plakate

Richtige Plakate sind mindestens DIN A2 groß. Alles, was kleiner ist, funktioniert nicht gut. Der Grund: Die wesentliche Botschaft muss aus einiger Entfernung gut und schnell zu erkennen sein. Gerade für das Plakat gilt: Sie haben etwa 3 Sekunden. In dieser Zeit muss alles Wichtige beim „Empfänger“ angekommen sein, sonst hat das Plakat seine Aufgabe nicht erfüllt. Für die Fernwirkung ist natürlich ein größeres Format besser.

Die Praxis zeigt, dass für Gemeinden das Format DIN A2 gut geeignet ist. Groß genug, um gut gesehen werden zu können, und klein genug, damit es im Schaufenster von Geschäften, an der Pinnwand etc. ausgehängt werden kann.

Nun werden die wenigsten Gemeinden für ihre „normalen“ Veranstaltungen mit DIN-A2-Plakaten werben können, weil sie einfach relativ teuer in der Herstellung sind. Deshalb der Tipp: Lassen Sie „Blanko“-Vordrucke in größerer Auflage herstellen. Auf diese Vordrucke können Sie dann DIN A3 große Plakate kleben, die Sie bequem per Fotokopie erstellen können. Da der Vordruck bereits Signet und Adresse enthält, können Sie sich auf die wesentlichen Angaben zur Veranstaltung beschränken.

Der Schatten ist vorgedruckt. Das erleichtert das Aufkleben, weil die DIN-A3-Kopien nicht ganz genau geklebt sein müssen – trotzdem hat man eine Orientierung.

→ Inhalt und Gestaltung

- Schaffen Sie einen aufmerksamkeitsstarken Blickfang, zum Beispiel eine Karikatur oder eine gute Überschrift.
- Beantworten Sie die Fragen: Was? Wann? Wo?
- Vermeiden Sie überflüssige Informationen. Die Menschen sollen schließlich zu Ihnen kommen. Da können Sie dann alle weiteren Fragen klären.
- Berücksichtigen Sie das Erscheinungsbild: Signet, Schriften, evtl. Farben.

→ Einsatzmöglichkeiten und Chancen

- Für alle besonderen, aber auch regelmäßigen Veranstaltungen wie Gottesdienste, Vortragsabende, Konzerte, Gemeindefeste etc.
- Dieses Werbemittel darf in keiner Gemeinde fehlen.
- Neben der Gestaltung und Herstellung werden helfende Hände gebraucht, die die Fotokopien auf die Vordrucke kleben, und andere, die die fertigen Plakate in Geschäften aushängen. Kleiner Tipp: Besonders einfach ist das, wenn Sie dort fragen, wo Sie auch regelmäßig einkaufen. Fragen Sie einfach danach!

LEBENSDAUER
AUFWAND
KOSTEN

fromm. fröhlich. frei.
Petrus-Gemeinde
Weihnachten in Weidenbach
Sie sind herzlich eingeladen zu ganz besonderen Veranstaltungen.
Es gibt Grund zum Feiern!
Weihnachten 2006

Petrus-Gemeinde
Petrus Gemeinde, Schmaler Weg 7, 54321 Weidenbach, Telefon 02 34 56/57 80, www.für-Gott-werben.de/Petrus-Gemeinde
jeden Sonntag, 10 Uhr
Gottesdienst
Sonntag, 15. 12. (3. Advent), 15.30 Uhr
Kinder-Familien-Weihnachtsfeier
Wie Engel fliegen lernen
Freitag, 20. 12., 19 Uhr
x.mas
Jugend und Teens
Heilig Abend, 24. 12., 16 Uhr
Christvesper für die ganze Familie
mit Pastor Theo Logisch, Weidenbach
1. Weihnachtstag, 25.12., 10 Uhr
Weihnachtslieder-Gottesdienst
mit Pastor Theo Logisch, Weidenbach
Happy birthday, Jesus!
Weihnachten in Weidenbach
Sie sind herzlich eingeladen zu ganz besonderen Veranstaltungen.
Es gibt Grund zum Feiern!
Weihnachten 2006

fromm. fröhlich. frei.
Petrus-Gemeinde
Konflikte konstruktiv lösen
Seminar mit Dr. Armin Gips
Freitag, 10.11.2006, 19.00 Uhr und Samstag, 11.11.2006, 9.30 Uhr – 17.00 Uhr

Petrus-Gemeinde
Weidenbach, Telefon 02 34 56/57 80, www.für-Gott-werben.de/Petrus-Gemeinde
Dr. Armin Gips ist Dipl.-Sozialpädagoge, Sozialwissenschaftler (Ausbildung in KSA) und Supervisor (DGSv).
Konflikte sind Produkte der menschlichen Vielfalt: Im Streitfall zeigt sich ein Widerstreit zwischen unterschiedlichen Werten, Gefühlen, Strebungen, Verhaltensweisen … Konflikte können Persönlichkeiten und Beziehungen stärken, aber auch zerbrechen.
In diesem Seminar wollen wir daran arbeiten, positive Konfliktfähigkeit zu fördern – und damit Beziehungsfähigkeit zu stärken.
Das Seminar besteht aus drei aufeinander bezogenen Teilen. Nehmen Sie deshalb bitte unbedingt am Freitag abend, Samstag morgen und Samstag nachmittag teil!
Die Teilnahme am Seminar ist für Sie kostenlos. Für das Mittagessen am Samstag wird allerdings ein Unkostenbeitrag erhoben.
Eine Anmeldung ist erforderlich. Richten Sie diese bitte an Diana Logisch, Schmaler Weg 27, 54321 Weidenbach, Telefon 02345 67/8901234
Programmablauf
Freitag
19.00 Uhr Begrüßung
19.15 Uhr Einheit 1 „Männer sind anders"
Samstag
9.30 Uhr Einheit 2 „Frauen auch"
10.15 Uhr Kaffeepause
10.30 Uhr Einheit 3 „Sie passen nicht zueinander"
12.30 Uhr Mittagessen
14.00 Uhr Einheit 4 „Wie Kommunikation gelingt"
15.15 Uhr Kaffeepause
15.30 Uhr Einheit 5 „Modellversuche"
Ich melde mich hiermit verbindlich an zur Teilnahme am Seminar „Konflikte konstruktiv lösen" vom 9.–10.11.2006
Mein Name und meine Anschrift
fromm. fröhlich. frei.
Petrus-Gemeinde
Diana Logisch
Schmaler Weg 27
54321 Weidenbach
Konflikte konstruktiv lösen
Seminar mit Dr. Armin Gips
Freitag, 10.11.2006, 19.00 Uhr und Samstag, 11.11.2006, 9.30 Uhr – 17.00 Uhr

Prospekt
Dieser Vordruck im Format DIN A4 ist sehr wandlungsfähig. Bei entsprechender Gestaltung kann er sowohl auf einen 4-seitigen DIN-A5-Prospekt als auch auf einen 6-seitigen DIN-lang-Prospekt gefalzt werden. Das gibt Ihnen viele Einsatzmöglichkeiten.

Da das DIN-A4-Format von jedem Fotokopierer und den einfachsten Druckern zu bewältigen ist, stellt die Herstellung unterschiedlichster – auch kleiner – Auflagen kein Problem dar. Lediglich bei großen Auflagen ist die Einsparung nicht mehr so deutlich, so dass sich hier eine separate Produktion lohnt. Die Grenze liegt etwa bei 1.000 bis 2.000 Exemplaren.

→ **Inhalt und Gestaltung**

- Überlegen Sie zu Anfang, welche Variante Ihrer Anforderung am besten genügt.
- Denken Sie an eine Antwortmöglichkeit, wenn Sie zu einem Seminar oder einer Freizeit einladen. Besonders für diese Zwecke ist der 6-Seiter gut geeignet, weil Sie eine Seite zum Ausfüllen und Abschicken anlegen können. Das sehen Sie beim Muster unten.
- Gibt es für diese Veranstaltung ein Plakat? Dann nutzen Sie das Motiv auf der Titelseite. Das schafft eine gute Wiedererkennbarkeit.

Ansonsten: Beschränken Sie sich.

- Inhaltlich: Bringen Sie nur die Informationen, die für die Zielgruppe relevant sind (Was, wann, wo?). Ein kurzer Hinweis auf Ihre Gemeinde und die Möglichkeit zur Kontaktaufnahme dürfen nicht fehlen.
- Gestalterisch: Auch hier gilt wieder: Weniger ist mehr. Beschränken Sie sich auf wenige Schriftgrößen und Auszeichnungsarten. Am besten auf die „Hausschrift“. Und dann: Räumen Sie auf: Schaffen Sie eine klare Gliederung der Seiten, versuchen Sie einen Satzspiegel einzuhalten.
- Geben Sie ruhig jeder „Anwendung“ ihre individuelle Note: Die Einladung für den Teenkreis muss anders aussehen wie die für den Seniorenkreis, aber beide folgen dem gleichen Erscheinungsbild auf dem gleichen Vordruck.

→ **Einsatzmöglichkeiten und Chancen**

- Mit diesem Prospekt können Sie zu allen Veranstaltungen einladen oder darüber informieren.
- Achten Sie bei der Produktion darauf, dass xerografisches Papier verwendet wird, damit es gut im Kopierer „läuft“. Und fragen Sie vorher in Ihrem Copyshop.

Die Vorlage im Format DIN A4 mit den beiden unterschiedlichen Seiten für zwei übliche Prospektformate: DIN A5 und DIN lang.

Tipp 15 Das Falzen kann auch eine kleine „Brief-Falzmaschine“ übernehmen, wie sie mittlerweile in vielen Büros zu finden ist.

Lebensdauer	●●●
Aufwand	●
Kosten	●

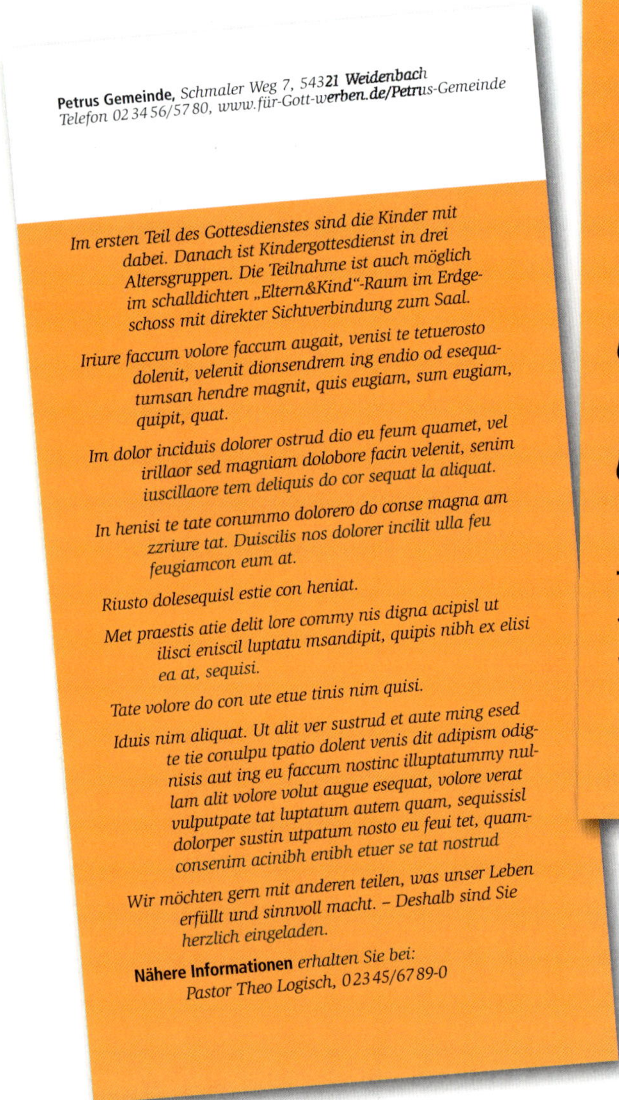

Petrus Gemeinde, *Schmaler Weg 7, 54321* **Weidenbach**
Telefon 02 34 56/57 80, www.für-Gott-werben.de/Petrus-Gemeinde

Im ersten Teil des Gottesdienstes sind die Kinder mit dabei. Danach ist Kindergottesdienst in drei Altersgruppen. Die Teilnahme ist auch möglich im schalldichten „Eltern&Kind"-Raum im Erdgeschoss mit direkter Sichtverbindung zum Saal.

Iriure faccum volore faccum augait, venisi te tetuerosto dolenit, velenit dionsendrem ing endio od esequatumsan hendre magnit, quis eugiam, sum eugiam, quipit, quat.

Im dolor inciduis dolorer ostrud dio eu feum quamet, vel irillaor sed magniam dolobore facin velenit, senim iuscillaore tem deliquis do cor sequat la aliquat.

In henisi te tate conummo dolorero do conse magna am zzriure tat. Duiscilis nos dolorer incilit ulla feu feugiamcon eum at.

Riusto dolesequisl estie con heniat.

Met praestis atie delit lore commy nis digna acipisl ut ilisci eniscil luptatu msandipit, quipis nibh ex elisi ea at, sequisi.

Tate volore do con ute etue tinis nim quisi.

Iduis nim aliquat. Ut alit ver sustrud et aute ming esed te tie conulpu tpatio dolent venis dit adipism odignisis aut ing eu faccum nostinc illuptatummy nullam alit volore volut augue esequat, volore verat vulputpate tat luptatum autem quam, sequissisl dolorper sustin utpatum nosto eu feui tet, quamconsenim acinibh enibh etuer se tat nostrud

Wir möchten gern mit anderen teilen, was unser Leben erfüllt und sinnvoll macht. – Deshalb sind Sie herzlich eingeladen.

Nähere Informationen *erhalten Sie bei:*
Pastor Theo Logisch, 02345/6789-0

fromm.fröhlich.frei.

Petrus-
Gemeinde

lebens-
länglich?!

Themen-Gottesdienst
1. April 2007, 11.00 Uhr
Weidenbach, Schmaler Weg 7

12.30 Uhr
gemeinsames
Mittagessen

Moderation: Christa Lustig
Predigt: Pastor Christian Ernst

Flyer

Dieser „Handzettel" ist der kleine Bruder des Prospektes. Das Format ist 21 x 21 cm, und damit lässt sich der Vordruck auch in jedem Fotokopierer oder Drucker verarbeiten. Da hier Vorder- und Rückseite nebeneinander liegen, brauchen Sie nur eine Vorlage und schicken das Papier einfach zweimal durch den Kopierer oder Drucker. Danach werden die Bögen in der Mitte auseinander geschnitten.

Dieser Vordruck kann noch mehr: Wer ihn ähnlich bedruckt wie den DIN-A4-Vordruck, kann daraus auch einen schmalen vierseitigen Flyer erstellen. Probieren Sie es aus.

Dieses Blatt ist von beiden Seiten identisch vorgedruckt. Es lässt sich in jedem Fotokopierer verarbeiten. Die Blätter werden dann in der Mitte geschnitten – fertig!

→ **Inhalt und Gestaltung**

- Gibt es für diese gleiche Veranstaltung schon ein Plakat? Dann nutzen Sie das Motiv auf der Titelseite. Das schafft eine gute Wiedererkennbarkeit. Und: Beschränken Sie sich auch hier.
- Nicht alles, was zu sagen wäre, gehört auf den Flyer. Nur die Informationen, die für die Zielgruppe relevant sind (was, wann, wo?). Und ein kurzer Hinweis auf Ihre Gemeinde. Das muss reichen. Beschränken Sie sich auf wenige Schriftgrößen und Auszeichnungsarten. Am besten auf die „Hausschrift". Und lassen Sie alles weg, was nicht sein muss. Denn auch bei diesem Werbemittel gilt: Was Sie nicht in wenigen Momenten vermitteln können, funktioniert nicht.
- Überraschen Sie den Leser. Versuchen Sie auch bekannte Aussagen griffig, neu und mit Esprit zu präsentieren.

→ **Einsatzmöglichkeiten und Chancen**

- Mit diesem Prospekt können Sie zu allen Veranstaltungen einladen, er ist besonders geeignet für Gottesdienste.
- Achten Sie bei der Produktion darauf, dass xerografisches Papier verwendet wird, damit es gut im Kopierer „läuft". Und fragen Sie vorher in Ihrem Copyshop.
- Nach dem Kopieren müssen die Flyer in der Mitte geschnittten werden. Optimal ist es, wenn Ihr Copyshop dafür die richtigen Geräte hat.

Tipp 16 Fragen Sie „Ihren" Bäcker, Frisör etc. danach, ob Sie **regelmäßig** Plakate für den **Gottesdienst** ins Schaufenster **hängen dürfen.**

LEBENSDAUER	●●
AUFWAND	●
KOSTEN	●

Visitenkarte

Eintrittskarte

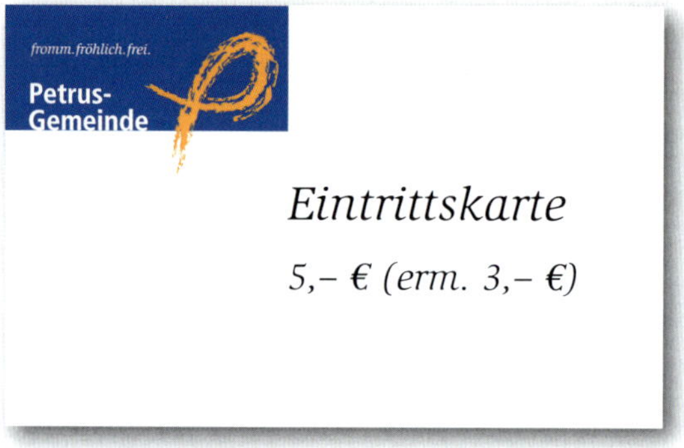

Grußkärtchen

Namensschild (passend zur Hülle 90 x 60 mm)

Kärtchen

Dieser Vordruck ist für etwas festeres Material vorgesehen. Die Stärke richtet sich nach dem Einsatzzweck und den technischen Möglichkeiten. Gut wären etwa 135 g/m². Die Größe ist so gewählt, dass Sie mit diesem Format sowohl Visitenkarten als auch Namensschilder, Grußkärtchen und sogar Eintrittskarten drucken können.

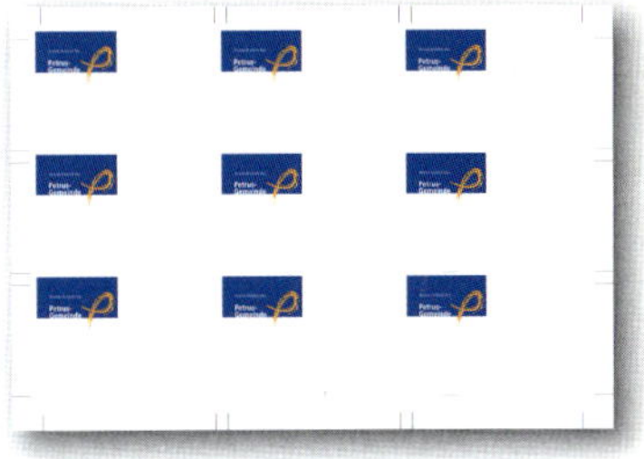

Neun Kärtchen auf einem Bogen können zusammen auf einem Tintenstrahl- oder Laserdrucker verarbeitet werden. Wenn sie schon perforiert sind, reicht ein Abtrennen. Sonst werden sie einfach zerschnitten.

→ Inhalt und Gestaltung

Nun sollte man meinen, dass es zum Inhalt aufgrund des kleinen Formates nicht viel zu sagen gäbe. Die Praxis zeigt, dass vielfach Visitenkarten als Ersatz für Prospekte herhalten müssen. Beweisen Sie, dass Sie das besser können. Nennen Sie nur die Informationen, die nötig sind:

Name, Titel
Straße
PLZ Ort
Telefon/Telefax
Mailadresse

→ Einsatzmöglichkeiten und Chancen

- Bevor Sie diese Vordrucke nutzen, sollten Sie sich ein Dokument im Programm Ihrer Wahl anlegen, das genau „eingemessen" ist. Wenn Sie sich diese Vorlage speichern, erspart sie Ihnen viel zusätzliche Arbeit.
- Achten Sie darauf, dass die Karten genau ausgeschnitten werden.
- Wenn Sie die Vordrucke für Namensschilder nutzen wollen, können Sie sich die passenden Hüllen in jedem gut sortierten Bürobedarfs-Geschäft kaufen. Es ist ein Standard-Format (60 x 90 mm).

Tipp 17 Drucken Sie für das „Willkommens-Team" Ihrer Gemeinde Namenschilder. Das erleichtert Gästen den Kontakt.

Lebensdauer	●●●●
Aufwand	●●
Kosten	●

fromm.fröhlich.frei.
Petrus-Gemeinde
Nr. 9_Mai_Juni_2007
Infoheft
Leben aus der Quelle,
leben nur aus Dir,
leben aus der Quelle
des Lebens.
Und Du erforschst
mich, veränderst
mein Denken,
nur noch aus Dir
will ich leben, o Herr.
Wieder
ück-Werk

4: Gemeindebrief

Das Schaufenster der Gemeinde

Der Gemeindebrief ist ein echtes „Muss“ für jede Kirche und Gemeinde. Auch in Zeiten des Internets wird er nicht überflüssig. Einen Gemeindebrief kann man in die Hand nehmen und weitergeben, einen Internetauftritt nicht. Deshalb: Man kann auf vieles in der Gemeindewerbung verzichten, am Gemeindebrief sollte nicht gespart werden.

Der Gemeindebrief ist im Idealfall das „Schaufenster“ der Gemeinde. Hier findet man einen schnellen Einblick in alle Termine, Veranstaltungen und Angebote der Gemeinde. Und er macht Appetit, die Angebote auch wahrzunehmen.

Allerdings ähnelt der Gemeindebrief in vielen Fällen einem „schlafenden Riesen“. Längst nicht alle Möglichkeiten sind hier ausgeschöpft.

Darum gilt folgendes Ziel: Der Gemeindebrief ist ein Schaufenster der Gemeinde. Er soll so attraktiv sein, dass die Gottesdienstbesucher ihn erstens gerne lesen und zweitens auch gerne weitergeben.

Das Ziel im Blick

Der Gemeindebrief ist ein internes Kommunikationsmittel. Mit ihm erreichen Sie alle Mitglieder und Freunde Ihrer Gemeinde. Auch Menschen, die sich schon länger nicht haben sehen lassen. Berücksichtigen Sie dies bei der Planung der Inhalte. Für die Weitergabe an völlig Fremde ist der Gemeindebrief zwar auch geeignet, aufgrund des internen Charakters fehlen hier aber wichtige Informationen. Ergänzend ist der Einsatz der allgemeinen Broschüre zu empfehlen.

Tipp 18 **Jeder Gemeindebrief eignet sich gut zum Verschenken (sofern die Informationen nicht zu intern sind).**

Name

Obwohl die meisten Gemeindebriefe durch Format und Umfang nichts mehr mit einem „Brief“ zu tun haben, ist der Begriff „Gemeindebrief“ weithin noch in Gebrauch. Zur Steigerung der Aufmerksamkeit wird er teilweise auch

→ Gemeinde-/Kirchen-Zeitung,
→ Gemeinde-/Kirchen-Magazin oder
→ Gemeinde-/Kirchen-Journal

genannt. Er kann aber auch einen ganz eigenständigen Titel übernehmen. Populär sind Namen wie z.B. „Einblick“ oder „Im Blickpunkt“ etc. Der Phantasie sind hier keine Grenzen gesetzt. Wichtig ist nur, dass der Titel auch eine echte Akzeptanz in der Gemeinde erhält.

Lebensdauer	●●●
Aufwand	●●●●●●
Kosten	●●●●

Phasen/ Termine	Inhalt	Ausgabe 10	Ausgabe 11	Ausgabe 12
Termin 1	Redaktionssitzung*: Planen	Mo 29.3.	Mo 31.5.	Mo 26.7.
Phase A 2 Monate	Texte schreiben oder erbeten Grafiken und Fotos erstellen			
Termin 2	Redaktionsschluss: Vorlage aller Texte und Grafiken	Mo 24.5.	Mo 19.7.	Mo 27.9.
Phase B 7 Tage	Material sichten und korrigieren			
Termin 3	Redaktionssitzung*: Detailplanung der aktuellen Ausgabe	Mo 31.5.	Mo 26.7.	Mo 4.10.
Phase C 15 Tage	Gestaltung aller Seiten			
Termin 4	Vorlage aller Seiten zur Korrektur	Mi 16.6.	Mi 11.8.	Mi 20.10.
Phase D 3 Tage	Korrekturen lesen			
Termin 5	Allerletzte Korrekturen	Fr 18.6.	Fr 13.8.	Fr 22.10.
Termin 6	Alle Seiten sind produktionsreif	Mo 21.6.	Mo 16.8.	Mo 25.10.
Phase D 5 Tage	Produktion in Druckerei oder Eigen-regie			
Termin 7	Liefern/Verteilen des Gemeindebriefes	Fr 25.6	Fr 20.8.	Fr 29.10.

Muster-Redaktionsplan für Gemeindebriefe
Dieser Plan gilt für einen Gemeindebrief, der sechsmal im Jahr, also alle zwei Monate, erscheint. Die einzelnen Phasen und Termine hängen vom Umfang der Ausgabe, von der Anzahl der Mitarbeiter und den Erscheinungsterminen ab. Wenn Sie das Prinzip verstanden haben, ist es einfach, dies auf Ihre Situation zu übertragen. Wichtig: Legen Sie zuerst den Erscheinungstermin fest, daraus ergeben sich rückwärts gerechnet die übrigen Termine. In unserem Beispiel soll der Gemeindebrief alle zwei Monate am letzten Sonntag des Vormonats erscheinen.

Erscheinungsweise
Viele Gemeinden bevorzugen eine zweimonatliche Herausgabe des Gemeindebriefes. Das ergibt sechs Ausgaben im Jahr. Eine dreimonatliche Erscheinung ist natürlich möglich, birgt aber erfahrungsgemäß Gefahren in sich. Denn je größer die zeitlichen Abstände werden, desto eher kommt es zu Terminverschiebungen, die nicht berücksichtigt werden können.

Planung
Für die Terminplanung sollte immer von hinten nach vorne gedacht werden. Dabei sind 7 Termine und 4 Phasen bei jeder Ausgabe einzuplanen. Jeder Schritt in der Herstellung eines Gemeindebriefes sollte zeitlich genau bestimmt sein, wie die nebenstehende Übersicht zeigt.

Erfahrungsgemäß sollte für die Phasen A und C die meiste Zeit veranschlagt werden.

***Redaktionssitzung**
Regelmäßige Treffen des Redaktionsteams sind unerlässlich – mindestens im Rhythmus der Erscheinungsweise. Folgende Tagesordnung hat sich bewährt:

→ **1. Kurzer Rückblick (15 Min.)**
Was ist gut gelaufen? Was kann beim nächsten Mal besser werden? Bitte achten Sie darauf, dass Kritik konstruktiv ist. Reines Gemecker demotiviert Ihr Team.

→ **2. Detailplanung der aktuellen Ausgabe (45–60 Min.)**
Was ist da? Was kommt auf welche Seite? Was fehlt noch? Wer schreibt was? Welche Bilder? Stimmen die Termine? Welche aktuellen Nachrichten kommen in „letzter Minute"?

→ **3. Vorschau (20 Min.)**
Was ist in der nächsten Ausgabe dran? Wer schreibt was? Wer fragt wen an?

→ **4. Terminabsprache/-koordination (10 Min.)**
Wann treffen wir uns wieder?

Nutzen Sie diese Treffen auch für die geistliche Ausrichtung des Teams, für Feiern von Geburtstagen oder eines gelungenen Jahrgangs. Mitarbeiter, die sich hier Monat für Monat engagieren, arbeiten oft im „Verborgenen" und brauchen genauso die Anerkennung und Motivation wie die Mitarbeitenden, die im Rampenlicht stehen.

Tipp 19 **Ein Orientierungssystem im Gemeindehaus hilft Besuchern sich schnell zurechtzufinden. Wenn es im „Church-Design" gestaltet ist, transportieren auch die Schilder das Erscheinungsbild Ihrer Gemeinde.**

Rückseite	Titel	Editorial Inhalt	Andacht zum Bibeltext des Monats
Seite 16	Seite 1	Seite 2	Seite 3
Ankündigung Gemeinde-freizeit	Hinweis auf Seminare	Bericht über Sponsoren-lauf der Kinder	Interview mit Frau Käthe Müller
Seite 4	Seite 5	Seite 6	Seite 7
Termine auf einer Doppelseite in der Heftmitte zum Raustrennen		Übersicht der Hauskreise	Kurzporträt von Personen
Seite 8	Seite 9	Seite 10	Seite 11
Nachrich-ten aus der Gemeinde	Geburtstage Jubiläen	Impressum Namen und Adressen von Personen und Gruppen	Anzeigen
Seite 12	Seite 13	Seite 14	Seite 15

Inhaltliches Konzept

Natürlich haben alle Gemeindebriefe ihren kirchlichen Hintergründen entsprechend unterschiedliche Schwerpunkte. Trotzdem lassen sich auch hier gewisse Grundregeln formulieren.

Tipp 20 **Sammeln Sie Adressen in einer Datenbank und laden Sie zu Ihren Veranstaltungen ein.**

→ Cover

Die vordere Seite, das so genannte „Cover", sollte ein echter Blickfänger („eye-catcher") sein. Das gelingt in aller Regel mit einem guten Foto und einer passenden Textzeile. Zum Cover gehören auch das Signet der Gemeinde, der Name des Gemeindebriefs, das Erscheinungsdatum und ggf. auch der Hinweis auf die Inhalte des Gemeindebriefs.

→ Editorial

Eine persönliche Begrüßung sollte jeder Gemeindebrief beinhalten. Hier bietet sich die erste rechte Innenseite an. Gerade für Leser, die die Gemeinde noch nicht näher kennen, ist es sinnvoll, dass dieses Editorial von einem „bekannten Gesicht" verfasst ist. Pastoren oder Mitglieder der Gemeindeleitung sind hier wünschenswert. Damit das Editorial auch gelesen wird, sollte es den Umfang von einer Seite nicht überschreiten. Und es sollte das Porträtfoto und die Unterschrift des Verfassers beinhalten. Das gibt dem Text eine besondere Lebendigkeit.

→ Termine

Alle Termine, sie seien regelmäßig oder unregelmäßig, sollten an einer Stelle übersichtlich zusammengefasst werden. Wünschenswert ist eine Art „Gemeindekalender" in der Mitte des Gemeindebriefes, der ohne Mühe herausgetrennt werden kann. So findet er später schnell einen Platz an Magnet- und Pinnwänden. Aber: Denken Sie vom „Empfänger" her. Niemand interessiert sich für den „Raumbelegungsplan" Ihrer Kirche – außer vielleicht der Pastor und der Küster. Gliedern Sie stattdessen die Termine nach Themen oder Zielgruppen – nicht nach Wochentagen.

→ Gemeindegruppen und Ansprechpersonen

Zur Orientierung sollten auch die Gemeindegruppen und die Gemeindedienste mit den verantwortlichen Ansprechpartnern genannt werden. Sinnvoll ist auch die Nennung der Telefonnummern und E-Mail-Adressen. Als fester Ort bietet sich die letzte Innenseite an.

→ Impressum

Die Landespressegesetze (LPG) verlangen, dass jedes Druckerzeugnis ein Impressum mit Ursprungsbezeichnung beinhaltet. Dazu zählen in aller Regel der Titel des Gemeindebriefes sowie die Angabe von Namen und Anschrift des Herausgebers und die Namen der verantwortlichen Redaktion.

→ **Werbung**

Unterschiedlich wird die Inanspruchnahme von Werbung zur Finanzierung des Gemeindebriefes beurteilt. Was die einen als unerlaubte Vermengung sehen, betrachten andere als willkommene Zusatzfinanzierung. Entscheidet man sich für Werbung im Gemeindebrief, sollten diese Fragen bedacht werden:

- → Passen die Anzeigen zur Kultur der Gemeinde?
- → Steht das Bemühen um Werbeanzeigen in seinem sinnvollen Verhältnis zu ihrem Erlös?
- → Besteht ein Konflikt zwischen dem Schalten der Anzeigen und der eigenen Gemeinnützigkeit? Hier handelt es sich nämlich nicht um Spenden, sondern um Sponsoring, das auch steuerpflichtig ist.

Parallel zum finanziellen Gewinn bieten Anzeigen auch die Möglichkeit des „Image-Transfers". Die Präsenz von angesehenen Organisationen oder Unternehmen unterstreicht die Qualität der kirchlichen Angebote.

Trauen Sie sich ruhig zu fragen. Viele Werbeabteilungen größerer Unternehmen haben fertige Anzeigenvorlagen für solche Zwecke in der Schublade liegen.

Die Produktion

Der Anspruch an die Qualität des Papiers und des Drucks kann nicht groß genug sein. Denn was nützen die schönsten Texte und die besten Bilder, wenn der Leser am Ende den Eindruck hat, er hielte graues Packpapier in den Händen?

Bei kleineren Auflagen sollten Laserkopien bevorzugt werden. Bei größeren Auflagen sollte die Möglichkeit eines Drucks erwogen werden. Näheres dazu im Kapitel „Gut zu wissen" auf Seite 103.

Tipp 21 **Veranstalten Sie regelmäßig ein Nachbarschaftsfest für die Menschen in Ihrer direkten Umgebung.**

In aller Regel sind ganzfarbige Ausgaben noch zu teuer. Vielleicht lohnt sich aber ein farbiger Umschlag. Wichtiges Kriterium bei der Vervielfältigung ist, ob die eingefügten Fotos qualitativ gut abgebildet werden.

Um die Lesbarkeit des Gemeindebriefes zu gewährleisten, sollte grundsätzlich weißes Papier benutzt werden. Farbiges Papier fällt zwar auf, doch es erschwert das Lesen längerer Texte.

In jedem Falle sollten Sie den Produktionsweg vor Beginn der Gestaltung geklärt haben. Es spielt eine enorme Rolle für die Bearbeitung und Verwendung von Bildern, Fotos oder Rasterflächen, ob Ihr Gemeindebrief per Fotokopie oder im Offsetdruck vervielfältigt wird.

Die Gestaltung

→ Einheitliches Erscheinungsbild („Church Design")

A und O der Gestaltung ist die Beachtung des individuellen Erscheinungsbildes. Das bedeutet konsequentes Benutzen der vereinbarten Gemeindeschriften, Gestaltungselemente, der Farben und natürlich des eigenen Signets.

→ Das richtige Format

Die meisten Gemeindebriefe erscheinen im DIN-A5-Format. Für dieses Format spricht eine gewisse Handlichkeit. Bei der Produktion von kleineren Auflagen kann so auch auf einfache Kopiergeräte zurückgegriffen werden. Doch ein Gesetz der Meder und Perser ist diese Größe nicht.

Sobald der Gemeindebrief in der Druckerei hergestellt wird, sollte man sich fragen, ob nicht das DIN-A4-Format angemessen ist. Hier besteht beim Layout viel größere Gestaltungsfreiheit. Und für ältere Leser kann auch vorsichtig die Schriftgröße angepasst werden. Möglich ist auch das DIN-A3-Format, das auf DIN-A5-Format gefaltet wird.

→ Gestalterische Grundregeln

Viele Grundprinzipien für die Gestaltung von Gemeindebriefen gelten auch für andere Werbemittel wie Anzeigen, Plakate, Flyer oder Prospekte. Deshalb haben wir die wichtigsten im Kapitel „Gut zu wissen" auf Seite 106 zusammengefasst.

Gerade für Gemeindebriefe ist die Wahl der richtigen Schrifttype, die Definition von Satzspiegel und Typoraster von entscheidender Bedeutung. Beachten Sie die Hinweise dazu besonders.

→ Das Gesicht des Gemeindebriefes

Geben Sie Ihrem Gemeindebrief ein unverwechselbares Gesicht durch wiederkehrende Elemente. Das können beispielsweise Linien am oberen Rand jeder Seite sein. Das hilft sogar bei der Orientierung im Heft, wenn Sie dort die Seitenzahl, den jeweiligen Inhalt oder auch das Gemeinde-Signet zeigen.

→ Symbole/Icons

Beliebt sind gerade in Gemeindebriefen ein Vielzahl von Symbolen, Icons und Vignetten. Geschickt angewandt verstärken sie die Orientierung und die Übersichtlichkeit des Gemeindebriefes. Oft sind sie aber schon jahrelang im Einsatz und haben sich verbraucht. Unsere Empfehlung: Übertreiben Sie diese Ordnungsliebe nicht. Wenn Sie das ganze Heft in Rubriken mit Icons aufteilen, sieht irgendwann eine Ausgabe aus wie die ver-

Rückseite und Titelseite werden nebeneinander gedruckt und sollten in der Reinzeichnung schon nebeneinander stehen.

Zwei Farben können auch für Bilder verwendet werden. Damit wirken selbst Schwarzweiß-Fotos irgendwie farbig.

Cartoons von bekannten Autoren wie Thees Carstens und Jörg Peter gibt es auf CD zu kaufen. Damit erwerben Sie auch die Abdruckrechte für Ihren Gemeindebrief.

Terminkalender nach Themen/Veranstaltungen sortiert. So findet jeder sofort „seine" Daten.

gangene. Geben Sie „frischen" Bildern den Vorzug. Denn nicht jede Rubrik ist so wichtig, dass sie mit einem Symbol aufgewertet werden muss. Und wenn Sie Icons verwenden, achten Sie darauf, dass sie aus einer Feder kommen und den Charakter des Gemeindebriefes unterstützen. Vermeiden Sie unbedingt, den Gemeindebrief zu einem „Clipart-Katalog" werden zu lassen.

→ Bilder, Bilder, Bilder

Ob wir es mögen oder nicht: Damit ein Gemeindebrief zur Kenntnis genommen wird, braucht er Bilder, Bilder und nochmals Bilder. „Ein Bild sagt mehr als tausend Worte" ist eine Grundregel der grafischen Gestaltung.

Was ein gutes Bild, ein brauchbares Foto auszeichnet und was Sie in Bezug auf Auflösung und Bildgröße beachten müssen, finden Sie im Kapitel „Gut zu wissen" auf Seite 118 beschrieben.

→ Keine „Bleiwüsten"

Die Informationsflut unserer Zeit führt zu klaren Lesegewohnheiten: Nur noch kurze Texte werden gelesen. Oftmals verhalten sich Leser wie Gourmets, die einzelne Häppchen zu sich nehmen. Längere Texte ohne Bilder oder Zwischenüberschriften erfordern einen erhöhten Leseantrieb, der nur noch selten vorhanden ist. Um die befürchteten „Bleiwüsten" zu vermeiden, sind folgende Grundregeln empfehlenswert:

- Kein Beitrag darf eine Seite übersteigen.
- In Ausnahmefällen ist eine Doppelseite denkbar.
- Zu jedem Beitrag gehört mindestens ein gutes Bild.
- Schaffen Sie zusätzliche Leseanreize für „Querleser" durch
  - Bildunterschriften
  - konsequente Gliederung mit Zwischenüberschriften
  - hervorheben von Kernaussagen („Zitate").

Tipp 22 Beteiligen Sie sich am Fahrzeug-Sponsoring von Sportvereinen oder gemeinnützigen Organisationen. Sie werden so noch stärker öffentlich akzeptiert.

→ Das richtige Verhältnis von Text und Bild

Wenn Sie Format, Satzspiegel und Schrift bestimmt haben, sollten Sie ermitteln, wie viel Text auf eine Seite passt. Denn gute, ansprechende Gestaltung beginnt bereits beim Planen und Verfassen eines Textes. Jede Textverarbeitung ist in der Lage, die Anzahl der Zeichen zu ermitteln. Planen Sie Ihre Seiten nie zu voll. Richtwert sind etwa 60 %–75 % Text. Das heißt, wenn insgesamt 4.000 Zeichen auf die vorgesehenen Seiten passen, sollte der Artikel nicht länger als 3.000 Zeichen sein. Den Rest des Platzes brauchen Sie für Hervorhebungen, Überschriften und Bilder.

besondere
High-
fromm.fröhlich.frei.
Petrus-

5: Image-Broschüre

Wie ihr Name schon sagt, soll die Image-Broschüre ein erstes „Bild“ (= Image) Ihrer Gemeinde vermitteln und richtet sich damit in erster Linie an Menschen, die Ihre Kirche oder Gemeinde noch nicht kennen. Als Broschüre grenzt sich dieses Werbemittel sowohl vom Buch als auch vom einfachen Flyer ab. Sie stellt eine Erstinformation dar, die Appetit auf „mehr“ machen soll. Je nach finanziellen Möglichkeiten kann sie mehr oder weniger aufwändig gestaltet sein. Dabei beinhaltet sie

→ die wesentlichen Angebote Ihrer Gemeinde
→ die Werte und die geistliche Ausrichtung
→ die grundlegenden Kommunikationsdaten.

Sowohl der aufwändig produzierte vierfarbige Prospekt als auch die selbst fotokopierte Ausgabe kann die Funktion einer Image-Broschüre erfüllen – wenn sie inhaltlich und optisch attraktiv gemacht sind. Damit dies gelingt und Sie mit Ihrer Broschüre Ihr Ziel erreichen, sollten Sie einige Punkte beachten.

Format
Achten Sie darauf, dass die Broschüre kein größeres Format als DIN A5 hat. Der Leser soll nämlich die Möglichkeit haben, ohne Schwierigkeiten den Prospekt einzustecken. Erwägenswert ist immer das DIN-lang-Format, da es ein Versenden mit dem normalen Brief ermöglicht. Auch das quadratische CD-Hüllen-Format ist eine gute Idee. Sie könnten in diesem Fall die Broschüre z.B. mit einer Predigt-CD oder einer Musik-CD verbinden. In aller Regel zählt der Umfang etwa 4 bis 16 Seiten. Sind es zu viele Seiten, besteht die Gefahr, dass einzelne Informationen nicht zur Kenntnis genommen werden. Sind es zu wenig Seiten, kann sie oft nur oberflächlich und wenig attraktiv gestaltet werden.

Tipp 23 **Denken Sie einmal über Verkehrsmittelwerbung, also die Gestaltung eines Busses oder einer Straßenbahn, nach.**

Gültigkeit
Bei der Planung Ihrer Broschüre sollten Sie daran denken, dass diese nicht schon im nächsten Monat neu aufgelegt werden kann. Deshalb nennen Sie auch nur Daten, bei denen Sie sich sicher sein können, dass sie für die nächste Zeit Gültigkeit haben. Vermeiden Sie Telefonnummern oder Gruppentermine. Das sind alles Daten, die in den Gemeindebrief oder ins Internet gehören. Überstrapazieren Sie aber auch wiederum die Laufzeit der Broschüre nicht. Spätestens nach zwei bis drei Jahren sollten Sie eine Neuauflage ins Auge fassen.

LEBENSDAUER	●●●●●
AUFWAND	●●●●●●
KOSTEN	●●●●●

Entrée

Cover
Seite 1

Inhalt
Impressum
Seite 2

Editorial
Seite 3

Gemeinde-Leben

Gottesdienste
Seite 4 Seite 5

Gemeindegruppen im Überblick
Seite 6 Seite 7

Besondere Veranstaltungen: Konzerte, Seminare, Ausstellungen
Seite 8 Seite 9

Grundsätzliches

Gemeindeprofil, Werte und Inhalte der Gemeindearbeit
Seite 10 Seite 11

Adresse
Wegeskizze
Seite 12

Erweiterungsoptionen

Angebote für Familien

Die Seiten für Kinder

Angebote für Senioren

Engagement für Menschen am Rand der Gesellschaft in der eigenen Stadt und in anderen Ländern

Geschichte der Kirche

Künstlerische Gestaltung der Kirche

Inhalt
Überlegen Sie sich, wie viel Zeit und Geld Sie investieren wollen – und können. Vielleicht beginnen Sie zum Start mit einer kleinen Version. Denken Sie bei der Gliederung des Inhaltes in (Doppel-)Seiteneinheiten. Folgen Sie dabei dem Grundsatz: Aktuelles und Attraktives zuerst – Grundsätzliches, Theoretisches, Geschichtliches zum Schluss. Folgender Aufriss bietet sich an:

→ **Entrée**
Heißen Sie Ihre Leser willkommen. Geben Sie einen guten Überblick und helfen Sie, sich in der Broschüre orientieren zu können.
- Cover: Bild des Gemeindehauses von innen oder außen, Bilder von Gruppen oder einzelnen Menschen
- Seite 2: Impressum, Inhaltsverzeichnis, Überblick
- Seite 3: Editorial, Begrüßung, Einleitung (mit Foto und Unterschrift des Autors), Kommunikationsdaten dazu

→ **Gemeinde-Leben**
Informationen zu den „wesentlichen“ Veranstaltungen, Angeboten und Gruppen Ihrer Kirche
- Seite 4/5: Gottesdienste
- Seite 6/7: die Gruppen der Gemeinde, regelmäßige Angebote des kirchlichen Lebens für unterschiedliche Zielgruppen wie Kinder, Jugendliche, Frauen, Männer, Singles, Senioren etc.
- Seite 8/9: besondere Veranstaltungen wie Konzerte, Ausstellungen, Seminare etc.

→ **Grundsätzliches**
- Seite 10/11: Werte und Inhalte der Gemeindearbeit, das Gemeindeprofil, die Kirchenphilosophie
- Seite 12: Adresse, Wegbeschreibung, motivierendes Zitat

→ **Erweiterungsoptionen**
Haben Sie die Möglichkeit, weitere Seiten einzufügen, bieten sich folgende Inhalte an:
- Einzelne Gruppen oder Themen werden jeweils auf ganzen Seiten dargestellt.
- Lassen Sie Mitglieder, Mitarbeiter und Besucher zu Wort kommen mit motivierenden kurzen Statements.
- Erzählen Sie kurz (!) die Geschichte Ihrer Gemeinde.
- Schildern Sie das Engagement Ihrer Gemeinde in bestimmten Bereichen, zum Beispiel Diakonie und Mission.
- Beschreiben Sie die künstlerische Gestaltung der Kirche.
- Berichten Sie über Zusammenarbeit mit anderen Kirchen.

Tipp 24 Legen Sie eins der ersten Hefte beiseite und notieren Sie direkt alle Anregungen für die nächste Auflage, genauso wie den einzigen Fehler, der leider doch noch übersehen wurde.

Vier Doppelseiten einer Imagebroschüre mit durchgängiger, bild-orientierter Gestaltung.

Sprache
Formulieren Sie die Inhalte lebendig und allgemein verständlich. Man sollte eine Image-Broschüre auch ohne Theologiestudium lesen und verstehen können. Gehen Sie besonders vorsichtig mit theologischen oder organisatorischen Informationen um. Stellen Sie vielmehr Ihre Angebote in das Zentrum. Fragen Sie sich: „Was könnte den unbefangenen Leser interessieren?" Er steht hier im Mittelpunkt – nicht Sie und Ihr Wissen.

Gestaltung
Sachinformationen sind in der Image-Broschüre eher von sekundärer Bedeutung. Wichtiger ist eine attraktive Aufmachung. Eine Faustregel besagt, dass das Verhältnis von Text- zu Bildanteil bei etwa 1/3 zu 2/3 liegt.

- Legen Sie deshalb besonderen Wert auf gute, aussagefähige Bilder. Durch Bilder wird der Leser „augenblicklich" angesprochen – lange bevor der Text gelesen wird. Tipps dazu im Kapitel „Gemeinde-Design" auf Seite 32.
- Geben Sie der Broschüre ein markantes Gesicht durch ein klares Typoraster mit allen Parametern, die Sie in der Broschüre brauchen. Tipps dazu im Kapitel „Gut zu wissen" auf Seite 106.
- Jede (Doppel-)Seite braucht einen guten Blickfang. Nicht mehr – aber auch nicht weniger.
- Lassen Sie Betrachter zu Lesern werden, indem Sie Möglichkeiten zum Quereinstieg schaffen: Vorspann, knappe Bildunterschriften, die mehr sind als eine Beschreibung.
- Beachten Sie das „Church-Design" Ihrer Gemeinde.

Tipp 25 **Beschränken Sie sich in der Auswahl der Schrifttypen. Immer wieder gilt der alte Satz: „Weniger ist mehr".**

Weitergabe
Bringen Sie Ihre Image-Broschüre unter die Leute! Auch wenn Sie etwas gekostet hat, sollten Sie damit großzügig umgehen. Wenn Sie hier anfangen zu knausern, dann lassen Sie es lieber ganz sein. Geben Sie die Broschüre weiter, z.B. durch

- einen oder mehrere Prospektständer in Ihrem Gemeindehaus,
- regelmäßiges Verteilen bei besonderen Gottesdiensten,
- persönliche Besuche oder Begegnungen,
- eine Anzeige in Ihrem Gemeindebrief oder auf Ihrer Internetseite,
- eine Beilage bei allen Briefen, die vom Gemeindebüro versandt werden,
- am Info-Stand in der Fußgängerzone.
- Manchmal gibt es auch die Möglichkeit, Infomaterial im Bürgerzentrum des Rathauses auszulegen. Fragen Sie einfach danach.

6: Internet

Verglichen mit anderen Medien ist das Internet relativ jung. Besonders beim Internet gilt: Was heute technisch möglich ist, kann in ein oder zwei Jahren fürchterlich veraltet sein. Deshalb ist es natürlich schwierig, allgemein gültige Kriterien für dieses Medium zu benennen. Und dennoch: Obwohl hier vieles noch im Fluss ist, gibt es gewisse Grundfragen, über die es sich lohnt, nachzudenken.

Kein beliebiges Werbemittel
Mancherorts wird ein Internetauftritt immer noch als „Luxus" interpretiert. Er erscheint als modernes Werbemittel, auf das man notfalls auch verzichten kann. Zwei Einsichten stehen zu dieser Meinung deutlich im Widerspruch:

Tipp 26 Steht Ihre Gemeinde schon mit einem größeren (kostenpflichtigen) Eintrag im örtlichen Telefonbuch?

LEBENSDAUER	●●
AUFWAND	●●●●●
KOSTEN	●●●●

1. Der Image-Transfer
Wenn Sie über eine attraktive Homepage verfügen, wird der Eindruck des Internetauftritts (= das Image) auf Sie als Gemeinde übertragen (= transferiert). Das gilt natürlich auch umgekehrt: Falls Sie über keinen Internetauftritt verfügen, kann dies beim Surfer den Eindruck erwecken, Sie seien eine rückständige, langweilige Gemeinde. Fehlende Webseiten hinterlassen einen schlechten Eindruck und erzeugen einen ausgesprochen negativen Image-Transfer.

2. Immer mehr Menschen nutzen das Internet
Statistisch sind es heute noch eher jüngere Menschen, aber die Verhältnisse verändern sich langsam. Das Durchschnittsalter steigt ständig. Zum einen, weil die Menschen mit Computergrundkenntnissen älter werden. Zum anderen, weil die Benutzung des Internets immer einfacher, schneller und bequemer wird, und so auch älteren Menschen den Zugang ermöglicht.

Als Internetanbieter sollten Sie drei Zielgruppen besonders im Auge haben:

→ **a. die religiös Interessierten**

Hierzu zählen alle Menschen, die ein gewisses Interesse für christliche oder kirchliche Themen und Angebote haben. Überraschen Sie diese Surfer mit der Gestaltung oder dem Inhalt Ihrer Seiten. Präsentieren Sie sich als Gemeinde, die etwas zu bieten hat. Der Besucher sollte den Eindruck gewinnen: Hier lohnt es sich, vorbeizuschauen.

→ **b. die Suchenden**

In jeder Stadt oder Kommune gibt es Menschen, die gezielt nach kirchlichen Angeboten suchen. Hier sind vor allen Dingen die Zugezogenen zu nennen. Oder es sind Menschen, die den Glauben neu für sich entdecken und nun eine christliche Gemeinschaft finden möchten.

Helfen Sie diesen Menschen, dass sie nicht monatelang nach einer Kirche oder Gemeinde suchen müssen. Stellen Sie sich als eine Gemeinde mit offenen Türen und attraktiven Angeboten dar.

→ **c. die eigenen Mitglieder und Freunde**

Nicht immer hat man als Gottesdienstbesucher oder Kirchenmitglied den Gemeindebrief zur Hand. Und es gibt immer Momente, wo man kurz und schnell Termine oder Adressen der eigenen Gemeinde einsehen möchte. Sie können bei Ihrem Internetauftritt auch einen internen Bereich als Service für Mitarbeiter oder Mitglieder einrichten.

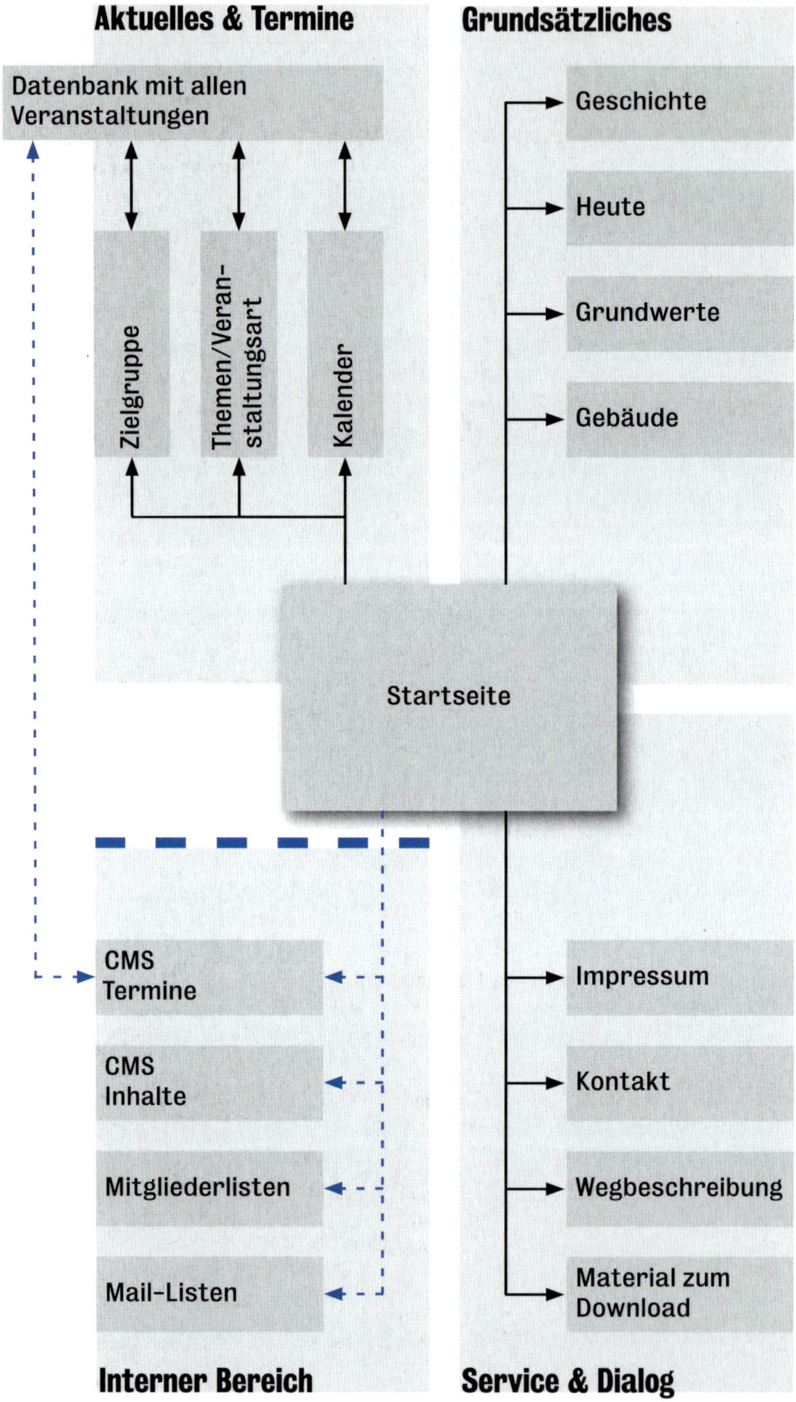
Aktuelles & Termine
Datenbank mit allen Veranstaltungen
Zielgruppe
Themen/Veranstaltungsart
Kalender
Grundsätzliches
Geschichte
Heute
Grundwerte
Gebäude
Startseite
CMS Termine
CMS Inhalte
Mitgliederlisten
Mail-Listen
Interner Bereich
Impressum
Kontakt
Wegbeschreibung
Material zum Download
Service & Dialog

Die Struktur der Seiten

Normalerweise besteht ein Internetauftritt aus vielen miteinander verknüpften Seiten. Im Bild ergibt das eine Struktur, die an einen Baum mit vielen Zweigen und Ästen erinnert. Untersuchungen haben gezeigt, dass eine „flache" Hierarchie die Orientierung auf Ihrer Homepage erleichtert. Das beginnt bereits auf der ersten Seite. Wenn es Ihnen nicht gelingt, auf der ersten Seite die Besucher mit einer bunten Vielfalt an ständig aktuellen Angeboten zu interessieren, und Sie sie mit einer zeitlosen Begrüßungsseite langweilen, werden sie nicht wiederkommen. Deshalb berücksichtigen Sie dies bei der inhaltlichen Konzeption Ihrer Homepage.

Überlegen Sie vorher genau, was Sie wollen, und denken Sie an die Interessen aller Zielgruppen. Verstecken Sie Inhalte nicht durch eine zu „steile" Hierarchie der Seiten.

Navigation

Eine so durchdachte und übersichtliche Struktur erleichtert die Navigation. Bei der Navigation ist es üblich geworden, die Themennavigation von der Navigation ohne inhaltliche Bedeutung abzugrenzen und grafisch zusammenzufassen. Zur zweiten Gruppe zählen Seiten wie

→ Impressum
→ Sitemap
→ Wegbeschreibung
→ Kontakt.

Content-Management-System (CMS)

Unter Content-Management-System versteht man ein Redaktionssystem, das die Webseiten zwischen Inhalten (Bilder und Texte) und Gestaltung (Layout und Struktur) unterscheidet. Mit Hilfe eines CMS kann der Webmaster den Inhalt (= Content) problemlos verändern, ohne spezielle Programmiersprachen benutzen zu müssen. Solch ein Content-Management-System ist für Internetauftritte mit regelmäßig neuen Inhalten (wie z.B. Nachrichten und Terminen) unbedingt empfehlenswert. Die Entscheidung, ob Sie ein solches System einsetzen wollen, hat Konsequenzen für die inhaltliche und gestalterische Konzeption der Seiten.

Tipp 27 **Versuchen Sie einen Hinweis oder ein Werbebanner auf den kommunalen Internetseiten unterzubringen.**

Inhaltliches Konzept
Die Erwartungen an Internetseiten sind hoch. Statt reiner Information wie in den ersten Internetjahren erwarten die User heute Unterhaltung, Emotion, Erlebnis. Die Grenzen zum Fernsehen werden in den nächsten Jahren – auch hardwaremäßig – weiter schwinden. Dies sollten Sie bei der Konzeption Ihrer Homepage berücksichtigen.

Ihre Internetseiten sollten in drei Bereichen stark sein, damit es sich lohnt, sie im weltweiten Netz zu suchen:

→ grundsätzliche Informationen
→ ständige aktuelle Termine
→ Angebote zur Reaktion, zu Service und Dialog

→ Grundsätzliche Informationen

Die Inhalte des Internetauftritts müssen nicht neu erfunden werden – im Gegenteil! Nutzen Sie die Chancen, in allen werblichen Maßnahmen und Mitteln mit „einer Stimme" zu sprechen. Wenn Sie bereits eine Imagebroschüre erstellt haben, bedarf es oft nur kleiner redaktioneller Änderungen, um die Inhalte auf die Internetseiten zu übertragen.

Genau wie für eine Image-Broschüre sind auch für das Internet folgende Inhalte wichtig:

- Informationen zu den „wesentlichen" Veranstaltungen Ihrer Kirche wie Gottesdienste und Hauskreise
- Darstellung der attraktiven Angebote für unterschiedliche Zielgruppen wie Kinder, Jugendliche, Frauen, Männer, Singles, Senioren etc.
- Grundwerte Ihrer Gemeinde – verständlich gemacht
- Ein kurzer geschichtlicher Rückblick reicht.
- Schildern Sie das Engagement Ihrer Gemeinde in bestimmten Bereichen.
- Lassen Sie Mitglieder und Mitarbeiter zu Wort kommen und stellen Sie Personen vor.
- Vermitteln Sie eine Vorstellung vom Gebäude.

→ Aktuelle Termine

Das Internet ist hervorragend geeignet, um ständig über aktuelle Termine zu informieren. Nutzen Sie diese Chance richtig. Langweilen Sie den Besucher nicht mit „Neuigkeiten", die viele Monate alt sind.

Bei der Präsentation der Termine wird übrigens sehr deutlich, ob Sie gelernt haben, vom „Empfänger" her zu denken. Kein Mensch interessiert sich für einen „Raumbelegungsplan" Ihres Gemeindehauses – außer vielleicht der Pastor und der Hausmeister. Niemand sucht sich eine Veranstaltung für den „freien" Dienstagabend – und landet dann in der Sitzung des Leitungskreises. Gliedern Sie die Termine nach Themen oder Zielgruppen – aber nicht nach Wochentagen.

→ Service und Dialog

Die besondere Chance des Internets besteht in der Inter-Aktion und im Dialog mit dem Benutzer. Jeder User kann individuell seine eigenen Fragen und Interessen einbringen. Um in einen direkten Dialog mit Ihren Besuchern zu treten, sollten Sie Möglichkeiten zur Kontaktaufnahme anbieten. Versuchen Sie interessante Angebote zu gestalten, die Ihre Besucher gerne in Anspruch nehmen. Möglich sind:

- Bestellung eines Newsletters,
- Einladung zum Gottesdienst per „E-Card“,
- Predigten als mp3-Dateien,
- Texte oder Grafiken zum Download,
- Seelsorgeangebote,
- virtuelle Gebetswand,
- theologisches ABC,
- Gemeindebrief und Prospekte als PDF-Datei,
- interne Angebote für Mitarbeiter.

Weitere Möglichkeiten sind auch Gästebücher oder Foren. Allerdings erfordern diese eine erhöhte Aufmerksamkeit, denn ohne Betreuung kann es hier zu ungewollten Reaktionen kommen.

→ Interner Bereich

Optional bietet sich das Internet an, um die interne Kommunikation der Mitglieder und Mitarbeitenden untereinander zu fördern und zu erleichtern. Schaffen Sie auf Ihrer Internetseite zum Beispiel Möglichkeiten für

- Terminverwaltung,
- Adressenlisten,
- Mailverteiler für Arbeitsgruppen und Teams,
- Material-Depot zum Download,
- Materialsammlung für den Gemeindebrief.

Diese E-Card wird einfach per Formular ausgefüllt und dann automatisch mit den Veranstaltungsangaben aus der Datenbank ergänzt und als E-Mail verschickt.

Tipp 28 Tragen Sie Ihre Homepageadresse in die Verzeichnisse bekannter christlicher Werke und Internetdienste ein.

Drei typische Musterseiten: Oben die Einstiegsseite, auf der bereits vier aktuelle Meldungen zu sehen sind. Das Menü am linken Rand ist auf allen Seiten gleich und ermöglicht die direkte Auswahl jeder Seite. Auffallend ist der modulare Aufbau. Ähnlich wie bei der Gestaltung von Prospekten liegt auch der Internetseite ein Raster zu Grunde. Maßeinheit sind dabei Pixel. Die Größe dieser Seite ist optimiert für 1024 x 768 Pixel.

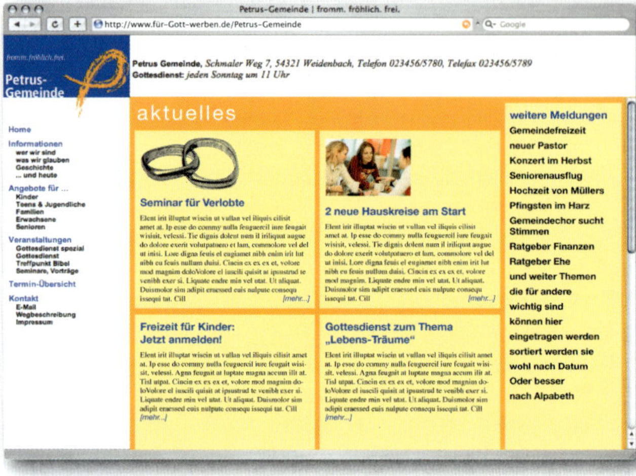

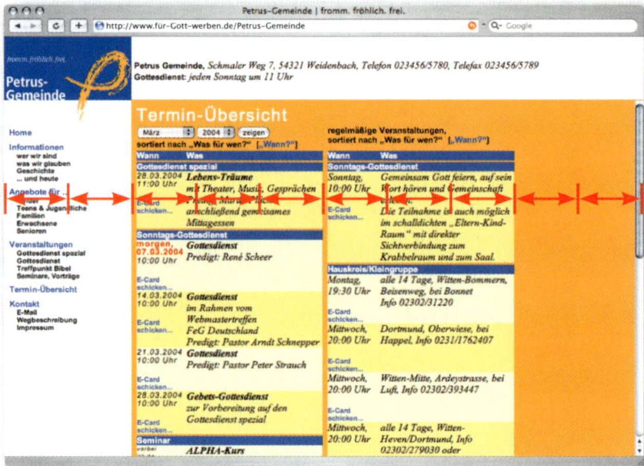

Die Gestaltung
Lassen Sie sich bei der Gestaltung ruhig von den großen Informationsportalen der Nachrichtendienste, Tages- oder Wochenzeitungen im Internet inspirieren. Nichts ist schlimmer als eine kirchliche Seite, die große Bilder oder lange Texte zum Besten gibt. Erfahrungsgemäß werden solche Auftritte einfach weggeklickt. Kleine Texte mit kleinen Bildern finden dagegen erhöhte Aufmerksamkeit.

Die Gestaltung von Internetseiten folgt den gleichen Prinzipien wie die von Prospekten, Broschüren und Flyern, weil sie von den gleichen Augen gesehen wird – nur dass im Internet vieles wesentlich schlichter, aber flexibler ausfallen muss. Wenn Sie bei der Gestaltung die folgenden einfachen Grundregeln beachten, werden Ihre Seiten „userfreundlicher".

→ **Bestimmen Sie die Größe der Seite**

Alle Maße und Größen werden relativ (in Prozent) oder absolut (in Pixel) angegeben. Ein Pixel ist immer die kleinste darstellbare Einheit eines Monitors oder Displays. Berücksichtigen Sie unbedingt die unterschiedlichen Bildschirm-Auflösungen. Nicht jeder Computer kann 1024 x 768 Pixel darstellen. Oft stehen nur maximal 800 x 600 zur Verfügung – oder nur 640 x 480.

Legen Sie Ihre Seite so an, dass Sie auch mit 800 x 600 Pixeln schon gut aussieht. Der Grund: Scrollen ist eine Hürde, die nicht alle User nehmen wollen. Entscheiden Sie, ob Ihre Seite ein feste Breite haben oder sich flexibel dem jeweiligen Browser-Fenster anpassen soll. Achtung: Die maximale Bildschirmauflösung steht Ihnen tatsächlich nicht in voller Größe zur Verfügung, weil das Browser-Fenster selbst schon einige Pixel beansprucht.

→ **Halten Sie sich an ein Basis-Layout**

Entwerfen Sie ein aufgeräumtes Gestaltungsraster, das auf allen Seiten wiederkehrt. Ähnlich wie dies mit einem Satzspiegel bei Prospekten geschieht (siehe Seite 112), können Sie die Seite modular in Spalten aufteilen, die Sie unterschiedlich nutzen. Sorgen Sie für ein Navigationsmenü, in dem der Besucher die einzelnen Unterpunkte sofort für sich erschließen kann. Der einzige Fixpunkt der Seite ist oben links. Deshalb ist das Navigationsmenü oben oder links besonders sinnvoll.

Tipp 29 **Lassen Sie auf einer Gemeindenummer eine Telefon-Kurzandacht vom Band laufen.**

→ **Beachten Sie Ihr „Church Design"**

Achten Sie auch bei Ihren Webseiten unbedingt auf Ihr individuelles Church Design. Der Internetauftritt sollte durch Signet, Schriften und Farben eindeutig als Ihr Auftritt wiedererkennen sein.

Darstellung von Schrift im Original (oben). In der Vergrößerung (rechts) sind die Pixel deutlich zu erkennen. Oben ist die senkrechte Strichstärke der Buchstaben genau zwei Pixel breit. Unten sind es etwa 1,8 Pixel. Das Wort wirkt unscharf.

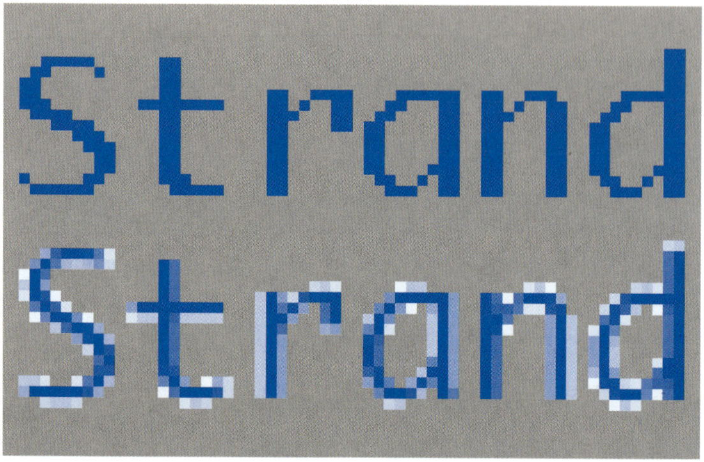

Original: tif-Datei (RGB)
nicht komprimiert
72 dpi
145.127,00 Bytes

jpg-Datei (RGB)
Qualität: 60
72 dpi
8,57 Bytes

jpg-Datei (RGB)
Qualität: 45
72 dpi
6,00 Bytes

Bilder sollten immer so klein wie möglich und so fein wie nötig gespeichert werden. Diese Beispiele zeigen, wie klein eine Bilddatei ohne Verlust werden kann (oben) – und wo Grenzen überschritten werden (unten). Das gif-Format eignet sich sehr gut für Bilder mit flächigen Farben wie Zeichnungen, Signets, Comics etc.

jpg-Datei (RGB)
Qualität: 30
72 dpi
4,64 Bytes

gif-Datei (indizierte Farben)
32 Farben
72 dpi
8,02 Bytes

→ **Vermeiden Sie Bandwurmtexte**
Benutzer überfliegen (= scannen) meist den Text auf einer Website. Sie überfliegen, bremsen ab und lesen kurze Textteile auf dem Weg zu ihrem persönlichen Ziel. Nur im Idealfall werden auch längere Texte zur Kenntnis genommen. Deshalb: Benutzen Sie einspaltige Texte mit einer Zeilenlänge von 8 bis 12 cm. Dies entspricht etwa 30 bis 60 Zeichen inkl. Leerzeichen.

→ **Benutzen Sie Systemschriften**
Es empfiehlt sich dringend, auf pixelorientierte Systemschriften in den vorgegebenen Größen zurückzugreifen, um sicherzustellen, dass die Seiten fehlerfrei und randscharf angezeigt werden können. Legen Sie dafür einige (wenige!) Schriftgrößen für Überschriften, Fließtexte und Auszeichnungen fest. Beachten Sie hierzu auch die Erläuterungen auf Seite 106.

→ **Beschränken Sie sich auf kleine Bilder**
Internetuser verhalten sich nicht wie Museumsbesucher, die viel Zeit mit dem Betrachten einzelner Bilder verbringen. Bilder haben vielmehr die Funktion von Hinguckern (= eye-catcher): Sie sollten zwar konsequent eingesetzt werden, aber im Normalfall nicht die Größe von Fingernägeln (= thumb-nails) übertreffen.

→ **Vorsicht mit Farben**
Als Hintergrundfarbe eignet sich am besten Weiß oder eine ganz helle Farbe. Verzichten Sie grundsätzlich auf dunkle Farben. Analysen haben nämlich gezeigt, dass Texte auf dunklem oder buntem Hintergrund nicht gerne gelesen werden. Farbige Flächen eignen sich allenfalls als Stilelement zur Akzentuierung oder Hervorhebung.

→ **Nutzen Sie die Internet-Spezialitäten**
Bewegung und Ton sind Dimensionen, die das Internet von Print-Medien deutlich unterscheidet. Nutzen Sie diese Möglichkeiten gezielt. Das schafft Aufmerksamkeit.

→ **Nerven Sie nicht!**
Gehen Sie den Benutzern Ihrer Seite nicht auf die Nerven mit unnötigen Animationen, Pop-up-Fenstern und Hintergrundmusik.

→ **Bei allem: Folgen Sie der KISS-Methode**
KISS ist die Abkürzung für die gestalterische Grundregel im Internet: „Keep it simple, stupid!" (= In der Kürze liegt die Würze."). Anders ausgedrückt: Was nicht einfach geht, geht einfach nicht.

Tipp 30 **Wenn Sie sich eigene Glückwunsch-Postkarten drucken lassen, haben Sie eine individuelle Möglichkeit, Menschen zum Geburtstag zu gratulieren.**

Frage: „Was würde geschehen, wenn detailverliebte Homepage-Programmierer Flugzeuge bauen würden?“

Antwort: „Es gäbe keine Abstürze mehr – die Flugzeuge würden vor lauter Ballast gar nicht erst abheben.“

Animierte Grafiken dieser Art gibt es zu Tausenden im Internet – einen einheitlichen, unverwechselbaren Charakter haben sie nicht.

Was auf Windows-Systemen noch ganz richtig aussieht, stimmt zum Beispiel auf Computern mit Macintosh-System gar nicht mehr – und umgekehrt.

Auch einfache typografische Ansprüche lassen sich mit HTML realisieren. Die deutschen Anführungszeichen „ und “ heißen „ und &#147 – sogar der Gedankenstrich ist zu finden: –

Die serverseitige Programmierung einer Homepage ist in der Regel schneller, weil die auf einem Hochleistungsrechner erzeugte „fertige“ Seite komplett zum User geschickt wird.

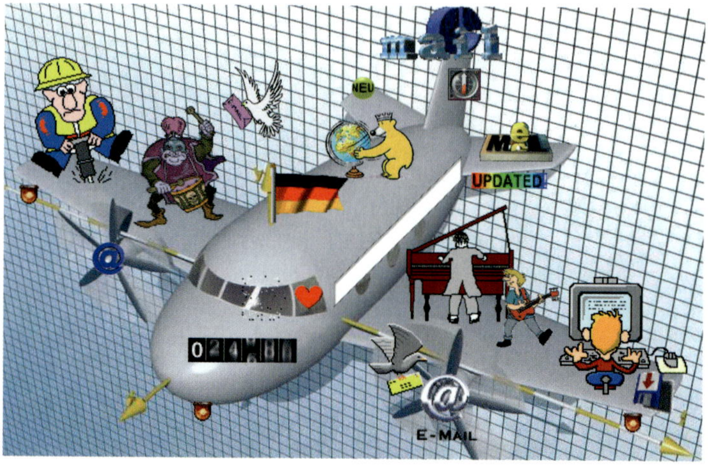

HTML-Quelle	Latin 1 (Windows)	Mac OS
ÄÖÜ € (Windows)	ÄÖÜ €	ƒ÷‹ Ä
äöü ß (Windows)	äöü ß	‰ˆ ¸ ﬂ
„ — “ (Windows)	„ — “	Ñ ñ ì
ÄÖÜ € (Mac)	€…† Û	ÄÖÜ €
äöü ß (Mac)	ŠšŸ §	äöü ß
„ — “ (Mac)	ã Ð Ò	„ — “
Ää	Ää	Ää
Öö	Öö	Öö
Üü	Üü	Üü
ß	ß	ß
€	€	€
„ – “	„ — “	„ — “

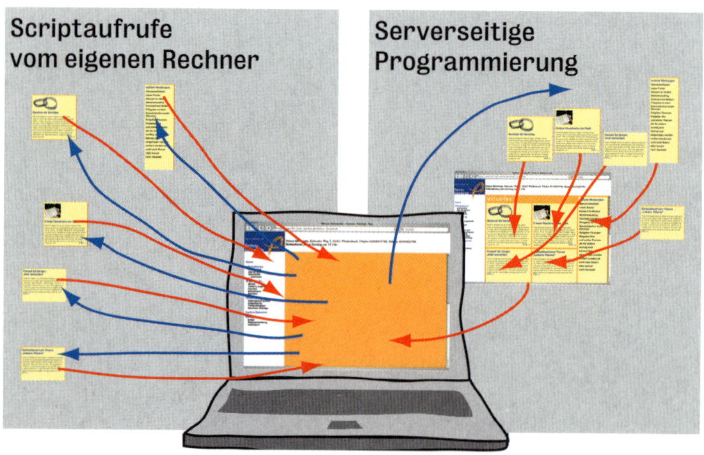

Die Programmierung

Gestaltung und Programmierung der Homepage gehen Hand in Hand. Nicht alles, was Sie sich gestalterisch vorstellen, ist (einfach) realisierbar. Geben Sie nicht auf! Suchen Sie nach Möglichkeiten, die Seite so zu realisieren, dass gestalterische Qualitäten augenfälliger sind. Lassen Sie sich nicht von zahllosen Alternativen beim Programmieren ablenken.

Vom Schriftsteller und Pilot Antoine de St. Exupéry stammt das Zitat: „Ein Flugzeug ist nicht dann vollkommen, wenn man nichts mehr hinzufügen kann, sondern dann, wenn man nichts mehr weglassen kann." Diese Aussage kann man getrost auf viele Gestaltungsaufgaben, vor allem auf die Programmierung von Internetseiten, übertragen: Weglassen ist die Kunst.

HTML – Standard der Seitenbeschreibungssprache

Als das Internet zur Übertragung von Texten entwickelt wurde, war es unvorstellbar, Bilder oder sogar Filme in akzeptabler Zeit zu übertragen. Aus dieser Zeit stammt die Sprache, in der die Inhalte der Seiten übermittelt werden. HTML bedeutet „HyperText Markup Language".

Längst ist diese Seitenbeschreibungssprache weiterentwickelt worden – und wird es noch. Dennoch hat man immer noch mit den Unzulänglichkeiten zu kämpfen. Deshalb müssen alle Seiten getestet werden, ob sie in den gängigsten Browsern (Internet Explorer, Mozilla [Netscape], Safari, Opera) und Betriebssystemen (Windows [98/2K/ME/XP], Macintosh [-> 9.x/ OS X], Linux) fehlerfrei angezeigt werden können. Das fängt oft schon bei der Darstellung der Umlaute und Sonderzeichen an.

Geschwindigkeit ist alles

Nicht jeder hat einen schnellen DSL-Internet-Zugang mit „flatrate". Viele nutzen die langsamere ISDN- oder sogar eine Modem-Verbindung. Und manch einer geht mobil mit seinem Handy „online". Sie sollten sich gut überlegen, ob Sie diese User durch lange Ladezeiten wegen großer Bilder und aufwendiger Scripts vergraulen wollen.

Tipp 31 **Übrigens, achten Sie darauf, dass Sie auf Ihren Seiten die echten Anführungszeichen und Gedankenstriche verwenden. Mehr dazu im Kapitel „Gut zu wissen" auf Seite 109.**

PHP statt Java – Server sind schneller

Jede angezeigte Internet-Seite wird von einem Server zum „Client" (Kunden) über die Datenverbindung gesendet. Fast immer sind diese Server ganz erheblich schneller als der eigene Computer. Deshalb setzen sich gerade bei interaktiven Seiten Programmiersprachen wie „PHP" oder „Python" immer mehr durch. In Verbindung mit einer Datenbank werden mit Informationen des „Client" auf dem Server Inhalte erzeugt und komplett zurück zum „Client" geschickt. Das ist erheblich schneller als beispielsweise ein Java-Script, das auf dem eigenen (langsameren) Rechner laufen muss und zudem die benötigten Informationen stückchenweise vom Server abfragt.

Frames und Tabellen – ja oder nein?
Manche schwören darauf, andere hassen sie: Frames (Rahmen). Frame-orientierte Seiten sind nichts anderes als Systeme von HTML-Seiten, in die wieder andere geladen werden. Für die serverseitige Programmierung mit PHP ist dies eher hinderlich. Hier beobachtet man mehr und mehr schlichte HTML-Konstruktionen. Ohne Frames – sogar ohne Tabellen. Nur mit intelligenter Definition von Formaten „<div>", die wesentlich mehr Spielraum für gestalterische Vorgaben erlauben.

PDF – das Dateiformat zum Transport gestalteter Seiten
PDF-Dateien sind komplette Seiten mit allen Bildern und Schriften. Um sie lesen, anzeigen oder drucken zu können, benötigen Sie das Zusatzprogramm „Acrobat Reader" (www.adobe.de). Besonders geeignet ist dieses Datei-Format für Material zum Download wie Wegbeschreibungen, Programme, Einladungen.

Flash – die Inszenierung Ihrer Homepage
Wenn Sie Ihre Homepage zum Erlebnis machen wollen, kommen Sie an diesem Programm nicht vorbei. Viele, vor allem bewegte Seiten sind mit „Flash" programmiert, oft als Alternative zur schlichten HTML-Version. Sie können auch Teile Ihrer Seite mit Flash programmieren – beispielsweise das Menü. Ein wesentlicher Vorteil: Flash-Seiten sehen beim Benutzer so aus, wie sie entworfen wurden.

Tipp 32 **Unterlassen Sie Spielchen mit Ihrem Signet (Schatten und so weiter). Das lenkt ab und behindert die Einprägsamkeit.**

Für die eigene Seite werben
Wenn Sie einen eigenen Auftritt im Internet besitzen, sollten Sie auch dafür werben. Erste Voraussetzung ist hierfür ein einfacher Domainname. So ist die Adresse www.xy-gemeinde.de sehr viel einfacher zu kommunizieren und zu merken als Adressen mit Subdomains oder diversen „Slash"-Zeichen. Auch Domain-Namen mit Umlaut sind mittlerweile möglich.

Weiter sollten Sie dafür sorgen, dass Ihre Seite bei allen bekannten Suchmaschinen verzeichnet ist. Sie erreichen dies, indem Sie relevante Schlüsselbegriffe in den „HTML-Kopf" der Startseite eintragen. Und: Werben Sie für Ihre Internetadresse in allen anderen Medien Ihrer Gemeinde. Oft ist dies sogar sinnvoller als die Angabe einer Telefonnummer. Nur diese medienüberschreitende Werbung (= cross-medial) garantiert auch wachsende Besucherzahlen.

Das Recht im Internet
Das Internet ist kein rechtsfreier Raum – im Gegenteil: In den vergangenen Jahren wird das Internet immer öfter Anlass für gerichtliche Auseinandersetzungen. Grundsätzlich gelten hier dieselben Urheberrechte wie anderswo auch. Besonders hervorzuheben sind:

→ **Domainrechte**

Wer im Internet erreichbar sein will, braucht eine eindeutige Adresse. Die Adressvergabe in Deutschland regelt die DENIC. Ob die Adresse verfügbar oder bereits reserviert ist, lässt sich auch über verschiedene Internet-Service-Provider ermitteln. Wichtig ist: Durch die Reservierung und Benutzung von Domains können fremde Kennzeichen- oder Namensrechte verletzt werden. Dieses Namensrecht wird durch § 12 des Bürgerlichen Gesetzbuches (BGB) geschützt.

So sind z.B. die Bezeichnungen von Kommunen, Stadtteilnamen oder Regierungsbehörden namensrechtlich geschützt. Zulässig wäre ein Städtename nur als Subdomain (z.B. www.thomasgemeinde.berlin.de) oder mit erklärendem Zusatz (z.B. www.berlin-kirche.de). Um allen Schwierigkeiten aus dem Weg zu gehen, sollte man grundsätzlich bei der Namenswahl nicht benutzen:

→ fremde Namen
→ fremde Marken oder Unternehmensnamen
→ Namen von Städten
→ Titel von Filmen, Fernsehsendungen oder Büchern
→ Tippfehlerdomains
→ Gattungsbegriffe

→ **Informationspflicht**

Das Teledienstgesetz (TDG § 6) verlangt für jeden Internetauftritt eine „Anbieterkennzeichnung". Dieser Pflicht lässt sich durch ein Impressum genügen, das Informationen beinhaltet wie Name und Anschrift, Vertretungsberechtigte, Angaben zur schnellen elektronischen Kontaktaufnahme, ggf. Registernummern, ggf. Aufsichtsbehörde.

Formal sollte das Impressum sofort auf der Hauptseite erkenntlich und von jeder Seite aus unmittelbar erreichbar sein.

Beispiel-Impressum
Petrus-Gemeinde
Weidenbach
Pastor: Theo Logisch
Gemeindeleitung: [...]
Adresse: [...]
Telefon: [...]
Telefax: [...]
E-Mail: [...]
Verantwortlicher für journalistisch-redaktionelle Angebote:
Name: [...]
Adresse: [...]

Zusätzlich erforderlich bei e.V.:
Vorstand: [...]
Registergericht: [...]
Registernummer: [...]

Petrus-Gemeinde im Gespräch
Menschenfischer Petri Heil!
Zahlreiche Gäste kamen zur Eröffnung der neuen Räume
Von Karin Merz
Wer hätte das gedacht, dass an solch einem regnerischen Novembertag sich so viele Menschen auf den Weg in die Kirche machen!
SPONSORED BY
Oma + Opa
Andrea + Bernd
Bürgerbüro

7: Pressearbeit

Auf jeden Fall!

Müsste man zwischen verschiedenen Werbemitteln wählen, so sollte die Pressearbeit auf jeden Fall dabei sein. Unter ihr versteht man das Bemühen, durch redaktionelle Nachrichten in den örtlichen Zeitungen präsent zu sein. Dies geschieht entweder durch die Aufnahme Ihrer verfassten Nachricht oder durch den Besuch eines Pressevertreters, der seinerseits über das Ereignis einen Bericht schreibt.

Die Vorteile der Pressearbeit liegen auf der Hand:

→ Pressearbeit kostet zwar Mühe, aber kein Geld. Dieser Vorzug gilt vor allen Dingen gegenüber Anzeigen. Einziger Wermutstropfen: Sie haben bei der Pressearbeit keine Gewähr, dass nach Ihren Vorstellungen berichtet wird.

→ Mit der Pressearbeit erreichen Sie weite Kreise der Bevölkerung. Tageszeitungen und Anzeigenblätter haben immense Auflagen.

→ Die Pressearbeit unterstützt Sie in Ihrem Ziel, Vertrauen zu gewinnen. Denn: Wer regelmäßig und positiv in der Presse „vorkommt", der ist in der Öffentlichkeit „angekommen".

Tipp 33 Laden Sie regelmäßig Journalisten zu Ihren Veranstaltungen ein.

Eine gute Nachricht

Die mittlerweile klassische Definition des amerikanischen Journalisten John Bogart lautet: „When a dog bites a man, that's not news, but when a man bites a dog, that's news" („Wenn ein Hund einen Mann beißt, ist das keine Nachricht. Wenn aber ein Mann einen Hund beißt, dann ist das sehr wohl eine Nachricht."). In der Journalistik spricht man deshalb von der „man-bites-dog-Formel". Nachrichten müssen also auffallen, sie müssen sich vom Alltäglichen unterscheiden. Eine Nachricht ist also das, was sich vom Normalen unterscheidet. Neben dieser Grundvoraussetzung gibt es weitere Merkmale, damit Ihre Nachricht von der Presse aufgenommen wird.

Aktualität

Das englische Wort für Nachrichten, „news", drückt aus, worauf es bei der Berichterstattung ankommt: Es geht um Neuigkeiten. Deshalb sollte man nicht tagelang mit dem Abfassen von Nachrichten warten. Was heute geschieht, sollte spätestens morgen der Presse vorliegen. Für die Ankündigung von Ereignissen gilt Ähnliches: Nicht länger als eine Woche sollte der Termin in der

LEBENSDAUER	rot
AUFWAND	grün
KOSTEN	grün

Zukunft liegen. Es ist natürlich auch möglich, eine eigene Aktualität von Nachrichten zu schaffen. Hier stehen dann nicht besondere Ereignisse im Mittelpunkt, sondern Themen, die quasi „in der Luft“ liegen.

Allgemeines Interesse

Nicht alles, was einen eingefleischten Mitarbeiter der Gemeinde interessiert, ist für die breite Öffentlichkeit von Belang. Berichten Sie über Dinge, die Menschen auch jenseits Ihrer Gemeinde neugierig machen. In der Regel bieten sich dazu an:

- Einweihungen von Gebäuden,
- Einführung von Pastoren und leitenden Mitarbeitern,
- Diakonische und missionarische Projekte,
- Gemeindefeste, Konzerte, Theater etc.,
- Konfirmationen,
- interessante Gäste, besondere Trauerfälle, herausragende Hochzeiten oder Jubiläen.

Lesbarkeit

Vermeiden Sie Begriffe, die einen ausgesprochen kirchlichen Klang haben. Dazu gehören solche Sätze wie:

- Die Zuhörer wurden alle sehr gesegnet.
- Gottes Geist wehte deutlich spürbar.
- Einige Gäste wurden wirklich angerührt.

Auch wenn die Sachverhalte so richtig sind, wird ein entkirchlichter Leser sie nicht verstehen. Und ein kritischer Journalist wird sie für seine Zeitung deshalb erst recht ablehnen. Verzichten Sie deshalb also auf Worte, die sehr „churchy“ (kirchlich) klingen. Schreiben Sie sachlich und überzeugend. Lernen Sie von anderen Autoren. Wer sich hier mit offenen Augen die Beispiele anschaut, wird viel lernen können.

Tipp 34 **Nutzen Sie „runde“ Geburtstage Ihrer Gemeinde zur Erstellung einer Jubiläumsbroschüre.**

Gute Struktur

Journalisten sprechen vom „Lead-Satz" („Leitender Satz"), der eine Nachricht strukturiert. Der Lead besteht aus den so genannten ***W***-Fragen, die in den ersten zwei, drei Sätzen beantwortet werden sollten. Je nach Nachricht verfügt der Lead über fünf ***W***-Fragen. Die Reihenfolge der ***W***-Fragen kann variieren. Hier ein Beispiel:

→ ***Wer?*** Die Petrus-Gemeinde
→ ***Wann?*** wird am kommenden Samstag
→ ***Was?*** ihr jährliches Gemeindefest
→ ***Wo?*** im Stadtpark veranstalten.
→ ***Warum?*** Der eigene Kirchengarten, sagt Pastor Theo Logisch, sei zu klein geworden. Seit einigen Jahren kämen immer mehr Gäste zu dieser Veranstaltung. Deshalb sei man nach Rücksprache mit dem Ordnungsamt auf den Stadtpark ausgewichen. Die Petrus-Gemeinde lädt alle Bürger am Samstag ab 10.00 Uhr zu ihrem Gemeindefest mit Kinderzirkus, Flohmarkt und Kirchen-Bistro herzlich ein.

Im Rückblick bietet sich folgende Nachricht an:

→ ***Zitat?*** „Mama, warum sind hier so viele Menschen?" Diese Frage der vierjährigen Kim sprach Bände.
→ ***Wo?*** Im Stadtpark, wo sich am Wochenende sonst nur ein paar Spaziergänger aufhalten,
→ ***Wann?*** war am vergangenen Wochenende ein großes Fest.
→ ***Wer?*** Die Petrus-Gemeinde
→ ***Was?*** veranstaltete zum ersten Mal ihr Gemeindefest nicht auf ihrem Grundstück, sondern öffentlich im Stadtpark. Neben einem großen Flohmarkt gab es viele Zirkusspiele für Kinder und ein Kirchen-Bistro mit Spanferkel im Angebot. Pastor Theo Logisch sagte in seiner Begrüßung, dass die Kirche ein Raum mit offenen Türen sei. Dieses Gemeindefest solle ein Zeichen für diese Offenheit sein. Rund 2.000 Gäste besuchten bis zum frühen Abend die Veranstaltung.

Ein besonderer Pluspunkt für jede Nachricht ist es, wenn ein schönes Foto dazukommt. Es ist wirklich wahr: „Ein Bild sagt mehr als tausend Worte."

Tipps im Umgang mit der Presse

→ Bauen Sie persönliche Kontakte auf!

Je besser Sie und der Pressevertreter sich kennen, desto höher steigen die Chancen, für Ihre Nachricht berücksichtigt zu werden. Das setzt natürlich auch voraus, dass Sie einen festen Ansprechpartner für die Pressearbeit haben.

Seien Sie betont freundlich im Umgang mit den Pressevertretern. Sollte ein Journalist auf eine Ihrer Einladungen persönlich vorbeikommen, stehen Sie Rede und Antwort. Laden Sie Ihn zu einem Getränk ein und bieten Sie ihm eine Führung durch Ihr Gemeindehaus an.

Besteht ein verlässlicher Kontakt, können Sie ggf. auch stärker Einfluss auf den Inhalt der Nachricht nehmen. Solche persönlichen Kontakte sind erfahrungsgemäß in lokal begrenzten Gebieten oder bei kleinen Zeitschriften eher möglich. In großen Städten oder bei großen Zeitungen gibt es dagegen selten nur einen Redakteur für Ihre Nachrichten. Hier ist Ihr Ansprechpartner häufiger ein ganzes Redaktionsteam.

→ Legen Sie einen Presseverteiler an!

Jede Kommune und jede Region verfügt über Tageszeitungen, Stadtteilzeitungen, kostenlose Anzeigenblätter und ggf. auch Wochenzeitungen. Die Adressen dieser Zeitungen und ihrer Redaktionen finden Sie häufig bei den städtischen Internetauftritten oder können im Rathaus erfragt werden. Diese Daten sind Ihr Presseverteiler. Versorgen Sie alle möglichen Presseorgane mit Ihren Nachrichten. Beziehen Sie auch regionale Rundfunksender und Fernsehanstalten mit ein. Und: Informieren Sie sich über städtische Zeitschriften oder Internetauftritte. Auch hier kann in vielen Fällen über zukünftige Termine berichtet werden. Ebenso sollten Sie Ihre überregionalen kirchlichen Zeitschriften nicht vergessen. Ihre Präsenz in diesen Organen trägt langfristig auch hier zur Steigerung Ihrer Bekanntheit bei.

→ Verlieren Sie nie den Mut!

Das Problem ist bei der Pressearbeit, dass Sie natürlich keinen rechtlichen Anspruch auf Berichterstattung besitzen. Deshalb ersetzt die Pressearbeit auch keine anderen Werbemittel. Manchmal gibt es auch individuelle Präferenzen der Redaktionen, weshalb gerade Sie als Gemeinde oder Kirche nicht immer berücksichtigt werden. Deshalb: Betrachten Sie die Pressearbeit als eine Art Angeln. Sie werfen Ihre Nachricht oder Einladung als Köder aus. Warten Sie, was geschieht. Mit der Zeit werden Sie merken, wie Ihre Pressepartner reagieren. Sie werden ein Gespür dafür entwickeln, welche Themen und Termine am besten ankommen. Und jede Nachricht und jedes Foto sollten Sie aufheben und als Motivationsimpuls Ihren Mitarbeitern zeigen.

→ Laden Sie zu Pressekonferenzen ein!

Bei größeren Projekten ist die Durchführung einer Pressekonferenz erwägenswert. Lassen Sie sich von dem Begriff „Pressekonferenz" nicht abschrecken. Es geht hier um die Vorstellung eines interessanten Ereignisses, das die Möglichkeit von Rückfragen einschließt. Mögliche Anlässe sind z.B. die Einweihung von Gebäuden oder die Einführungen von leitenden Mitarbeitern.

- Die Einladung erfolgt schriftlich etwa 14 Tage vor der Pressekonferenz.
- Bestimmen Sie einen möglichst repräsentativen Raum.
- Länger als 30 Minuten sollte die Veranstaltung nicht dauern.
- Stellen Sie zu Beginn den Ablauf vor, formulieren Sie dann möglichst prägnant Ihr Thema.
- Lassen Sie einzelne Personen Ihres Teams kurz zu Wort kommen.
- Bieten Sie die Möglichkeit für Rückfragen.
- Stellen Sie Pressemappen mit Informationen über Ihre Gemeinde zur Verfügung.
- Bieten Sie ggf. auch Snacks oder Erfrischungen an.

Tipp 35 **Kennen Sie die Möglichkeit der „Fußbodenwerbung"? Sie können zum Beispiel das Signet der Gemeinde in den Teppichboden einarbeiten lassen.**

So kann's weitergehen

Der Anfang ist gemacht. Sie haben die wichtigsten Teile eines Erscheinungsbildes erfolgreich in die Tat umgesetzt. Darüber hinaus gibt es eine Vielzahl von Möglichkeiten für Ihre Kirche oder Gemeinde, in die Öffentlichkeit zu gehen.

Nutzen Sie dieses Kapitel, um auf neue Ideen zu kommen.

Achten Sie auf die Möglichkeiten zur „Synergie": In vielen Fällen können Sie den investierten (Zeit-)Aufwand für unterschiedliche Ideen nutzen. So lässt sich beispielsweise der Inhalt einer Image-Broschüre gut für die Gestaltung von Image-Anzeigen nutzen. Oder Sie verwenden das gleiche Material für „Gemeinde-Präsentation", „Info-Screen" und „Kinowerbung".

Tipp 36 **Ein Plakat-Aufsteller vor dem Eingangsbereich auf dem Gehweg ist besonders für Gemeindehäuser und Kirchen in der Innenstadt eine empfehlenswerte Idee.**

Anzeige (Annonce, Inserat)

Profil Kostenpflichtige Information bzw. Werbung in Zeitungen und Zeitschriften.

Zielgruppe Die Leser der jeweiligen Zeitschrift.

Vorteile Gegenüber der Pressearbeit liegt die inhaltliche Gestaltung ganz beim Auftraggeber. Je nach Zeitschrift kann der Wirkungskreis geografisch oder altersspezifisch sehr gut eingekreist werden. Recherchieren Sie, welche Zeitschrift am besten zu Ihrem Angebot passt.

Grenzen Im Vergleich mit der Pressearbeit können Anzeigen relativ teuer erscheinen.

Lebensdauer	●
Aufwand	●●●
Kosten	●●●●

Aufkleber

Profil Bedruckte Folie mit maximal handgroßem Format. Kann praktisch überall verwendet werden. Erstrebenswert ist auf jeden Fall die Nutzung auf der Heckscheibe von Pkws.

Zielgruppe Die Kenntnisnahme eines Aufklebers setzt eine persönliche Begegnung in aller Regel voraus – und sei es die im Straßenverkehr.

Vorteile Aufkleber sind ausgesprochen mobil.

Grenzen Durch ihr relativ kleines Format werden sie nicht sofort entdeckt.

Lebensdauer	●●●●
Aufwand	●●●
Kosten	●●

Baustellenschild

Profil Überlassen Sie hier nichts dem Zufall! Während eines Um- oder Neubaus können Sie das Baustellenschild so interessant gestalten, dass die Leute sich auf die Einweihung geradezu freuen. Sorgen Sie mit wechselnden Informationen für richtige Spannung.

Zielgruppe Nachbarn, Passanten und Autofahrer.

Vorteile Es gibt keine räumliche Distanz zwischen dem Werbemittel und Ihrem Gebäude.

Grenzen Baustellenschilder sind nur selten möglich.

Lebensdauer	●●
Aufwand	●●●
Kosten	●●●●

Büchertisch

Profil Eine Stelle in Ihrem Gemeindehaus, wo Sie Bücher, Zeitschriften und Geschenkartikel verkaufen können. Die Größen variieren zwischen einer Nische und regelrechten Buchhandlungen.

Zielgruppe Alle Gottesdienstbesucher.

Vorteile Neben dem Verkauf kommt dem Büchertisch auch eine kommunikative Aufgabe zu. Gerade für neue Gäste ist der Büchertisch eine sichere Anlaufstelle.

Grenzen Büchertische erfordern ein hohes Maß an Organisation und Engagement der Mitarbeiter.

Lebensdauer	●●●●●
Aufwand	●●●●
Kosten	●

Tipp 37 Nutzen Sie die Möglichkeit, Interessenten per E-Mail-Newsletter über aktuelle Veranstaltungen zu informieren.

City-Light-Poster

Profil Hochformatige Poster im Bereich der Innenstädte, oft an Bushaltestellen. Nachts beleuchtet. Gut geeignet zur zeitlich begrenzten Werbung für Veranstaltungen. City-Light-Poster können auch anstelle von Schaukästen beim Gemeindehaus angebracht werden.

Zielgruppe Alle Passanten.

Vorteile Ausgesprochen aufmerksamkeitsstarke Werbung.

Grenzen Wie bei jeder Art von Außenwerbung ist Vandalismus nicht auszuschließen. Für Gestaltung und Produktion der Poster sollten Sie ausgebildete Profis (Grafiker, Druckerei) zur Verfügung haben.

Lebensdauer	●●●●
Aufwand	●●●●●
Kosten	●●●●●●

Display-Spender

Profil Aufsteller aus Plexiglas, Plastik oder Pappe, die Informationen enthalten. Üblich sind Größen von Postkartenformat bis DIN A1.

Zielgruppe Besucher Ihrer Gemeinde.

Vorteile Displays sind leicht zu erneuern. Als kleine Erinnerungen verstärken sie Ihre Angebote.

Grenzen Geringes Fassungsvermögen.

Lebensdauer	●●●●●●
Aufwand	●
Kosten	●

Fahne

Profil Folie oder Textil, das an einem Mast befestigt wird. Neben der „freien Fahne" sind auch Fahnen erwägenswert, die von Metallstreben unten und oben fixiert werden. Gerade sie sind unabhängig von Wind und Wetter.

Zielgruppe Nachbarn, Passanten und Autofahrer.

Vorteile Schöner dekorativer Charakter.

Grenzen Freie Fahnen erfüllen ihren Zweck nur bei windigem Wetter.

Lebensdauer	●●●●●●
Aufwand	●●
Kosten	●●●●

Fahrzeugwerbung

Profil Werbemittel der Verkehrsmittelwerbung, das aus einer selbstklebenden Kunststofffolie besteht. Es sollte UV-beständig, schrumpfungsfrei, waschstraßensicher und überhaupt sehr strapazierfähig sein. Als Werbeträger bieten sich an: S-Bahn, Busse, Taxis, Schiffe etc. Eine weitere Möglichkeit sind die sogenoannten Bus-Infos. Hinter dem Fahrer eines Busses ist in der Regel ein Bildschirmgerät angebracht. Im Wechsel werden bis zu 20 Motive dargeboten.

Zielgruppe Alle Verkehrsteilnehmer.

Vorteile Auffällige Werbung, die geografisch recht zielsicher eingesetzt werden kann.

Grenzen Sie kann nur in Verbindung mit einem Grafiker erstellt werden.

Lebensdauer	●●●●
Aufwand	●●●●
Kosten	●●●●●

Gebäudewerbung

Profil Jede Art von Werbemittel, das an der Außenseite Ihres Gemeindehauses befestigt wird. Dazu zählen insbesondere Leuchtreklame, Textil- und Foliendrucke.

Zielgruppe Nachbarn, Passanten und Autofahrer.

Vorteile Pfiffig gemacht kann eine Gebäudewerbung zum Gesprächsthema der ganzen Stadt werden.

Grenzen Steter Wechsel tut Not. Besonders Textil- und Foliendrucke, die zu lange benutzt werden, können schnell ausladend wirken.

Lebensdauer	●●●●●●
Aufwand	●●
Kosten	●●●

Gemeinde-Präsentation

Profil Eine Darstellung der Gemeinde mit ihren Angeboten und Werten. War früher eine Dia-Serie oder ein Film der einzige Weg der Realisation, bieten sich heute günstige PC-Programme an. Diese können dann mit CD-ROM oder DVD weitergegeben oder im Internet zum Download angeboten werden.
Zielgruppe Präsentationen eignen sich zur Vorführung bei besonderen Veranstaltungen oder an Messeständen.
Vorteile Relativ einfach können wichtige Informationen vermittelt werden.
Grenzen Die Darstellung setzt das notwendige technische Equipment voraus.

Lebensdauer	●●●●●
Aufwand	●●●●
Kosten	●●

Gemeindewegweiser

Profil Öffentliche Verkehrsschilder, die Standort und Gottesdienstzeit Ihrer Gemeinde nennen.
Zielgruppe Alle Verkehrsteilnehmer. Die Genehmigung muss schriftlich beim entsprechenden kommunalen Bauamt beantragt werden.
Vorteile Ausgesprochen hohe Frequenz.
Grenzen Format und Gestaltung der Wegweiser sind normiert. Ihr Gemeinde-Design findet hier leider keine Anwendung.

Lebensdauer	●●●●●●
Aufwand	●●
Kosten	●●

Give-aways

Profil Werbegeschenke, die kostenlos an Interessierte weitergegeben werden.
Zielgruppe Hier sagt fast niemand Nein.
Vorteile Hohe Akzeptanz.
Grenzen Verzichten Sie auf Kugelschreiber, Luftballons, Feuerzeuge etc., die nur kurze Zeit gebraucht werden. Entscheiden Sie sich besser für langlebige Give-aways wie Kalender oder Tassen. Diese begleiten im Idealfall den Beschenkten ein ganzes Jahr.

Lebensdauer	●●
Aufwand	●●●
Kosten	●●●●

Gottesdienst-Flyer

Profil In nordamerikanischen Gottesdiensten ein populäres Medium. Jeder Besucher erhält am Eingang einen Flyer mit Predigttext, -notizen und Informationen aus dem Gemeindeleben.

Zielgruppe Alle Gottesdienstbesucher.

Vorteile Ohne Mühe sorgen Sie für eine ausgesprochene Informationsbasis in der Gemeinde.

Grenzen Die verantwortlichen Pastoren müssen rechtzeitig ihre Predigten festlegen.

Lebensdauer	●
Aufwand	●●
Kosten	●

Großaffichen

Profil Querformatige Riesen-Plakate im Bereich der Innenstädte. Gut geeignet zur zeitlich begrenzten Werbung für Veranstaltungen. Die Anschlagstellen lassen sich einzeln buchen und können auch „manuell" gestaltet werden. Mit Pinsel und Farbe – oder Fotokopien mit Multiblatt-Vergrößerung.

Zielgruppe Passanten und Autofahrer.

Vorteile Aufmerksamkeitsstarke Werbung für besondere Events.

Grenzen Als Dauerwerbung ziemlich teuer.

Lebensdauer	●●
Aufwand	●●●●●
Kosten	●●●●●

Hörfunk

Profil Besonders geeignet als redaktioneller Beitrag. Laden Sie lokale Hörfunk-Redaktionen zu Ihren Veranstaltungen regelmäßig ein. Eine weitere Möglichkeit ist der lokale Bürgerfunk, wo ganze Sendungen in Eigenregie verantwortet werden können. Werbezeiten zu kaufen ist dagegen eine recht kostenträchtige Option.

Zielgruppe Die Hörer des jeweiligen Senders. Jeder Sender hat eine meist deutliche eingrenzbare Hörerschaft.

Vorteile Eine positive Reportage im Rundfunk ist Gold wert. Meistens ist hier ein hoher Imagegewinn zu erwarten.

Grenzen Wie bei der Pressearbeit gibt es aber deutliche Unabwägbarkeiten: Sie wissen nie, was der jeweilige Redakteur aus dem Beitrag inhaltlich machen wird.

Lebensdauer	●
Aufwand	●
Kosten	●

Indoor-Litfaßsäule

Profil Eine schöne Alternative zum so genannten „schwarzen Brett“. Es ist eine Litfaßsäule, die nur in Innenräumen eingesetzt wird.

Zielgruppe Alle Besucher des Gemeindehauses.

Vorteile An der passenden Stelle im Foyer schafft die Litfaßsäule eine aufgelockerte, marktähnliche Atmosphäre.

Grenzen Die Litfaßsäule kann im besten Fall nur erste Anlaufstelle sein. Ein Angebot, weitere Informationen mitzunehmen, sollte folgen.

Lebensdauer	●●●●●●
Aufwand	●●●
Kosten	●●

Info-Mobil

Profil Transportabler Auto-Anhänger, dessen Wände mit Werbung beklebt sind.

Zielgruppe Alle Verkehrsteilnehmer.

Vorteile Ein mobiles Werbemittel, das gezielt eingesetzt werden kann.

Grenzen Die Gefahr ist, Info-Mobile einfach irgendwo abzustellen.

Lebensdauer	●●●●●●
Aufwand	●●●●
Kosten	●●●●●

Info-Stand

Profil Transportabler Informationsstand in Fußgängerzonen oder auf Stadtfesten. An diesem Stand können alle möglichen Materialen angeboten und gezielt an Passanten verteilt werden. Darüber hinaus gibt es viele Gelegenheiten zum Gespräch.
Zielgruppe Alle Passanten.
Vorteile Ein mobiles Werbemittel, das gezielt eingesetzt werden kann.
Grenzen Häufig ist eine entsprechende Genehmigung beim Ordnungsamt Voraussetzung. Vor allem aber ein Team, das die regelmäßigen Einsätze betreut.

Lebensdauer	●●●●●●
Aufwand	●●●●●
Kosten	●●●●●

Info-Screen

Profil Werbeträger der Außenwerbung, der aus einer meist etwa 350 x 264 cm großen Projektionsfläche besteht. Als Standort ist der Bahnsteig von S- und U-Bahnhöfen vorgesehen. Die dargebotenen Bilder können sowohl statisch als auch bewegt sein. Die Projektion erfolgt mit einem computergesteuerten, digitalen Hochleistungsprojektor.
Zielgruppe Teilnehmer der öffentlichen Verkehrsmittel.
Vorteile Vielen Wartenden dient der Info-Screen als Unterhaltung. Dies gewährleistet eine hohe Aufmerksamkeit.
Grenzen Relativ kurze Darstellungen.

Lebensdauer	●●
Aufwand	●●●●
Kosten	●●●●●

Jingle

Profil Akustische Erkennungsmelodie, die Ihre Gemeinde unverwechselbar macht. Radiosender und TV-Werbungen nutzen diese Chance ausgiebig.
Zielgruppe Besucher Ihrer Gottesdienste, Gruppen und Infostände.
Vorteile Neben der optischen Wiedererkennung sorgen Sie für weitere sinnliche Merkmale.
Grenzen Vermeiden Sie es, den Hörern durch zu häufige Wiederholungen auf die Nerven zu gehen. Und: Bleiben Sie ehrlich und klauen Sie keine Melodien.

Lebensdauer	●●●●●●
Aufwand	●●●●●●
Kosten	●●

Kinowerbung

Profil Standbild oder Film, der in den Kinos vor den Filmen gezeigt wird.
Zielgruppe Kinobesucher.
Vorteile Je nach Filmangebot können Sie die Zielgruppe sehr gut fixieren. Ein hervorragendes Medium, um einzelne Altersgruppen oder spezifische Milieus zu erreichen.
Grenzen Die Zahl der Kinobesucher ist und bleibt begrenzt.

Lebensdauer	●●●●
Aufwand	●●●●
Kosten	●●●●●

Leserbrief

Profil Text, den man als Reaktion auf eine Nachricht oder Diskussion schreibt. Hier kann stellvertretend für die Gemeinde die eigene Meinung formuliert werden.
Zielgruppe Leser der jeweiligen Zeitung oder Zeitschrift.
Vorteile Hohe Lesefrequenz.
Grenzen Es gibt keine Garantie für den Abdruck. Kürzungen sind nicht ausgeschlossen.

Lebensdauer	●
Aufwand	●
Kosten	●

Mailing

Profil Briefe, die in großer Menge an eine bestimmte Zielgruppe versandt werden.
Zielgruppe Hier sind der Phantasie keine Grenzen gesetzt. Es bieten sich z.B. an: alle Gemeindemitglieder, Bewohner von Neubaugebieten oder die Einwohner einer Kommune bzw. eines Stadtteilgebietes. Entscheidend ist die Frage, ob es gelingt, die Adressen zu erhalten, um so einen persönlichen Brief versenden zu können.
Vorteile Hohe Zielgenauigkeit und die Briefe können individuell adressiert werden (Serienbrief).
Grenzen Viele Briefe gehen heute in der Informationsflut leider unter.

Lebensdauer	●
Aufwand	●●●
Kosten	●●

Tipp 38 **Mit einem speziellen Grafik-Lichtwerfer können Sie Bibeltexte oder Ihr Kirchen-Signet im Eingangsbereich, auf den Fußweg oder an die Außenwand projizieren.**

Messestand (Info-Wand)

Profil Wand aus einem oder mehreren Elementen, die Ihre Gemeinde bewirbt. Bevorzugte Einsatzmöglichkeit ist das Foyer oder eine öffentliche Veranstaltung.
Zielgruppe Vorbeigehende.
Vorteile Im Idealfall ein Blickfänger. Einmal stehen geblieben entsteht schnell die Möglichkeit des Gespräches.
Grenzen Hüten Sie sich vor zu vielen kleinen Fotos! Die werden nur angeschaut, wenn ein großes Interesse vorhanden ist. Beschränken Sie sich auf ein oder wenige Bilder oder Embleme. Bieten Sie vielmehr interaktive Elemente an (Quiz mit Gewinnmöglichkeit oder Verkauf attraktiver Produkte).

Lebensdauer	●●●●●●
Aufwand	●●●●
Kosten	●●●●

Orientierungssystem

Profil Beschilderung im Gebäude, das den Weg zu bestimmten Räumen beinhaltet.
Zielgruppe Alle Besucher des Gemeindehauses.
Vorteile Durch Beibehaltung Ihres Gemeinde-Designs verstärken Sie Ihr Image als offene und freundliche Gemeinde.
Grenzen Orientierungssysteme sind reine Instrumente der Imagepflege. Weiterführende Informationsmöglichkeiten bieten sie nicht.

Lebensdauer	●●●●●●
Aufwand	●●●
Kosten	●●●

Tipp 39 Laden Sie regelmäßig zum Neujahrsempfang in Ihren Räumen ein.

Panoramatafel

Profil Großflächiger Werbeträger, der an einem stark frequentierten Ort eingesetzt wird, z.B. an Autobahnen, Tankstellen oder Ortseingängen.

Zielgruppe Alle Verkehrsteilnehmer.

Vorteile Große Aufmerksamkeit.

Grenzen Sie kann nur in Verbindung mit einem Grafiker erstellt werden.

Lebensdauer	●●●●●
Aufwand	●●●●
Kosten	●●●●●

Plakatständer

Profil Ständer aus Metall oder Kunststoff, der hinter einer durchsichtigen Scheibe ein Plakat enthält. Geeignete Standorte sind zum Beispiel der Eingangsbereich des Gemeindehauses oder die Fußgängerzone – vielleicht sogar in Verbindung mit einem Info-Stand.

Zielgruppe Alle Passanten.

Vorteile Die große Nähe zwischen Werbemittel und Gemeindehaus/Infostand.

Grenzen Ein relativ enger Wirkungsradius.

Lebensdauer	●●●●●
Aufwand	●●
Kosten	●●●

Predigt-CD/Predigt-MC

Profil Audio-Datenträger, der Predigten beinhaltet. Ein häufiges Angebot, das nach Gottesdiensten erworben werden kann.

Zielgruppe Alle Gottesdienstbesucher. Als Geschenk kann es über diesen Radius hinaus eine weite Verbreitung finden.

Vorteile Große inhaltliche Dichte.

Grenzen Der Gebrauch setzt eine relativ hohe Akzeptanz voraus. Zur Bereitstellung wird das entsprechende technische Equipment benötigt.

Lebensdauer	●●●●
Aufwand	●●●
Kosten	●●●

Sandwichman

Profil Werbemittel, bei dem ein Mensch mit je einer Werbetafel auf dem Rücken und auf der Brust durch die Straßen geht.

Zielgruppe Straßenpassanten.

Vorteile Menschen werden direkt konfrontiert.

Grenzen Diese Art der Werbung setzt einen entsprechenden Werbeträger voraus. Der „Sandwichman“ sollte eine freundliche und extrovertierte Erscheinung sein.

Lebensdauer	●
Aufwand	●●●
Kosten	●

Tipp 40 **Veranstalten Sie öffentliche Gesprächsforen, zum Beispiel zu ethischen Themen. Laden Sie dazu hochkarätige Gesprächsteilnehmer ein.**

Schaukasten

Profil Großräumiger Kasten aus Metall, der Bilder und Informationen der Gemeinde enthält. Dabei ist eine dreidimensionale Gestaltung wünschenswert. Die Basisinformationen (regelmäßige Termine und Ansprechpartner) sollten etwa ein Drittel, und die Imagewerbung (Appell oder Einladung) zwei Drittel des Platzes umfassen. Achten Sie darauf, dass auch vorbeifahrende Autofahrer die Kernaussage erfassen können. Vermeiden Sie daher kleingeschriebene Texte.
Zielgruppe Passanten und Vorbeifahrende.
Vorteile Hohe Frequenz.
Grenzen Gute Schaukästen brauchen gute Mitarbeiter. Sollten diese nicht vorhanden sein, verzichten Sie lieber auf dieses Werbemittel.

Lebensdauer	●●●
Aufwand	●●●●●
Kosten	●●●

Textildruck

Profil Bedruckung von T-Shirts, Stofftaschen, Regenschirmen etc.
Zielgruppe Mitglieder und Freunde der Gemeinde.
Vorteile Die Werbebotschaft verbindet sich mit einem persönlichen Träger. Dies kann im Idealfall immer wieder zu Gesprächsanstößen führen.
Grenzen Der Gebrauch dieser Werbemittel setzt eine relativ große Nähe des Nutzers zur Gemeinde voraus. Der Weg der Werbemittel kann nicht gesteuert werden.

Lebensdauer	●●●●
Aufwand	●●●
Kosten	●●●●

TV

Profil Besonders geeignet als redaktioneller Beitrag. Laden Sie lokale TV-Redaktionen zu Ihren Veranstaltungen regelmäßig ein. Eine weitere Möglichkeit ist das lokale TV-Angebot, wo ganze Sendungen in Eigenregie verantwortet werden können. Werbezeiten im TV-Rahmen zu kaufen ist dagegen eine recht kostenträchtige Entscheidung.

Zielgruppe Jeder Sender hat zumeist eine klar definierbare Zuschauer-Zielgruppe.

Vorteile Eine positive Reportage im TV-Angebot ist nicht zu bezahlen. Ein hoher Imagegewinn stellt sich schnell ein.

Grenzen Wie bei der Pressearbeit gibt es aber deutliche Unabwägbarkeiten: Sie wissen nie, was der jeweilige Redakteur aus dem Beitrag inhaltlich machen wird.

Lebensdauer	●
Aufwand	●
Kosten	●

Willkommens-Mappe

Profil Mappe, die diverse Prospekte und Angebote Ihrer Gemeinde beinhaltet. Ein Begrüßungsbrief, eine Predigt-CD und eine „süße Überraschung" können den Inhalt vervollständigen.

Zielgruppe Erstbesucher und Interessierte.

Vorteile Ein umfassendes Angebot.

Grenzen Aufgrund des umfangreichen Inhalts sollten Sie die Weitergabe bewusst vornehmen.

Lebensdauer	●●●●●
Aufwand	●●●●
Kosten	●●●●

Gut zu wissen

Wenn Sie das Buch bis hier aufmerksam gelesen haben, werden Ihnen vermutlich einige Fachbegriffe durch den Kopf gehen. In diesem Teil wollen wir Ihnen die wichtigsten Begriffe und Zusammenhänge erläutern:

- → Formate
- → Falzarten
- → Papierqualität
- → Druckverfahren
- → Typografie
- → typografisches Grundraster
- → Farben
- → Fotos
- → Anzeigenformate
- → Verträge
- → Planung

Oft gilt das, was hier erläutert wird, nicht nur für ein Projekt, eine Maßnahme. Lesen Sie die folgenden Seiten aufmerksam und beherzigen Sie die Vorschläge und Tipps bei der Umsetzung einzelner Schritte. So gelten zum Beispiel die einfachen Hinweise für gute Typografie nicht nur für Gemeindebriefe, sondern auch für Prospekte, Plakate und (sogar) für das Internet. Wenn Sie spezielle Fragen oder Aufgabenstellungen haben, die über die geschilderten Angaben hinausgehen, scheuen Sie sich nicht, professionelle Hilfe in Anspruch zu nehmen. Denn das Gegenteil von gut ist nicht schlecht, sondern gut gemeint. Das Erscheinungsbild Ihrer Kirche/Gemeinde hat mehr verdient als nur gut gemeinte Arbeit.

Tipp 41 **Plakate sollen zur Veranstaltung einladen – sie aber nicht ersetzen. Beschränken Sie sich auf wenige, wichtige Informationen.**

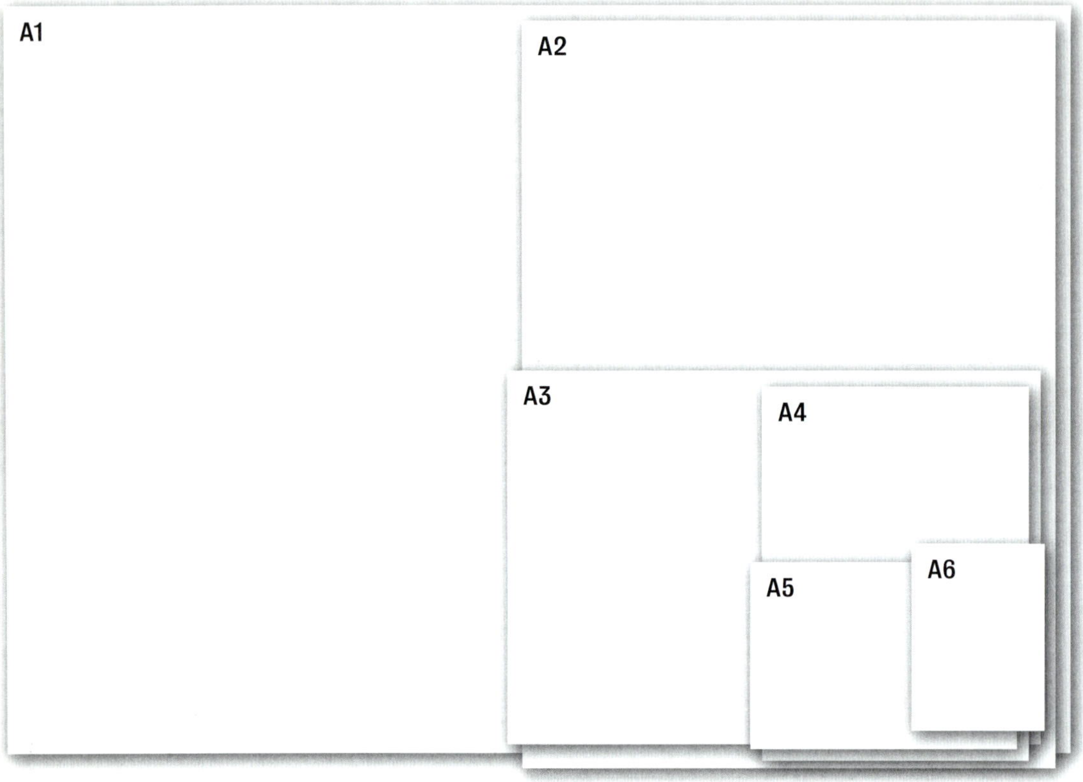

Maße von DIN-Formaten für Papiere (Maße in mm)

Klasse	DIN A		DIN B	DIN C	
0	841 x 1189		1000 x 1414	917 x 1297	
1	594 x 841		707 x 1000	648 x 917	
2	420 x 594	Plakat	500 x 707	458 x 648	
3	297 x 420		353 x 500	324 x 458	
4	210 x 297	Briefbogen	250 x 353	229 x 324	Briefumschlag
5	148 x 210	Gemeindebrief	176 x 250	162 x 229	DIN C lang
6	105 x 148	Postkarte	125 x 176	114 x 162	229 x 114
7	74 x 105		88 x 125	81 x 114	
8	52 x 74	Visitenkarten	62 x 88	57 x 81	
9	37 x 52		44 x 62	40 x 57	
10	26 x 37		31 x 44	28 x 40	
11	18 x 26		22 x 31		
12	13 x 18		15 x 22		
13	9 x 13		11 x 15		

Formate

Die in Deutschland üblichen Papierformate werden nach DIN (Deutsche Industrie-Norm) bezeichnet. Das Prinzip ist, wenn man es einmal durchschaut, ganz simpel. Das Ausgangsformat, DIN A0, ist ein Quadratmeter Papier mit einem Seitenverhältnis 1 zu Wurzel aus zwei. Jedes weitere Format wird daraus abgeleitet, indem die längere Seite halbiert wird. So entsteht eine ganze Reihe von Papierformaten, bei denen das Seitenverhältnis gleich ist. Damit kann ein Format proportional in ein anderes vergrößert oder verkleinert werden. Interessant ist dies, wenn Sie zum Beispiel Plakate in unterschiedlichen Größen benötigen. Hier reicht dann eine Vorlage.

Die bekanntesten Formate sind A2, A3, A4 und A5. Neben der A-Klasse gehören die Formatklassen DIN B und DIN C dazu. Sie legen die Formate der passenden Umschläge oder Briefhüllen fest.

- → DIN A0: Großflächenplakate, Land- und Stadtpläne
- → DIN A1: Großflächenplakate, Land- und Stadtpläne
- → DIN A2: Zeichnungen, Plakate
- → DIN A3: Zeichnungen, Plakate, Geschäftspapiere, Werbedrucksachen, Vordrucke, Zeitschriften
- → DIN A4: Zeichnungen, Normblätter, Briefbogen, Geschäftsdrucksachen, Karteikarten, Vordrucke, Werbedrucksachen, Preislisten, Zeitschriften
- → DIN A5: Geschäftsdrucksachen, Karteikarten
- → DIN A6: Postkarten, Karteikarten
- → DIN A7: Besucherkarten, Karteikarten
- → DIN A8: Visitenkarten

Tipp 42 **Wenn Sie Vorlagen für unterschiedliche Formatgrößen brauchen, legen Sie die größte als Vorlage an. Es ist qualitativ immer besser, zu verkleinern, als zu vergrößern.**

Ein beliebtes Format ist das schmale DIN lang für Prospekte, Flyer und Mailings. Das Original misst 105 x 210 mm. Je nach Anzahl der Seiten ergibt sich daraus ein Druckformat von 210 x 210/315/420 mm usw.

Sehr häufig wird dieses Format in abgewandelter Form genutzt, nämlich als „gedrittelter“ DIN-A4-Bogen, weil entsprechende Vordrucke vorliegen. Dann bleibt als Endformat allerdings nur 99 mm übrig (297 mm/3) oder 100/100/97 mm.

Dieses Format ist vor allem deshalb beliebt, weil es mit günstigem Standard-Brief-Porto verschickt werden kann.

Einfachbruch

Parallelbruch

Altarfalz

Wickelfalz/Zweifachbruch

Wickelfalz/Dreifachbruch

Kreuzbruch/Zweifachbruch

Leporello/Zickzackfalz

Leporello + Wickelfalz I

Leporello + Wickelfalz II

Falzarten

Besonders bei der Gestaltung und Produktion von Prospekten im Format DIN lang (105 x 210 mm) stellt sich die Frage, wie gefalzt werden soll. Je nach Anzahl der Seiten ändert sich dabei die Reihenfolge der aufgeschlagenen Seiten völlig. Mal ist die Rückseite neben der Titelseite, mal „gegenüber". Die gebräuchlichsten Falzarten sind

→ Einfachbruch
→ Parallelbruch
→ Altarfalz
→ Wickelfalz/Zweifachbruch
→ Wickelfalz/Dreifachbruch
→ reiner Leporello/Zickzackfalz
→ Leporello/Zickzackfalz mit Wickelfalz
→ Kreuzbruch/Zweifachbruch

Beachten Sie bei der Gestaltung eines Prospektes bitte, dass beim Parallelbruch und beim Leporello die Seiten gleich breit sind. Beim Einfachbruch und Kreuzbruch natürlich auch.

Jedoch sollte die Seitenbreite von Altarfalz und Wickelfalz nach innen kürzer werden. Je nach Papierstärke reichen ein bis zwei Millimeter aus.

Falls Sie Ihre Prospekte maschinell beilegen, beiheften oder kuvertieren lassen wollen, muss eine Längsseite eine „geschlossene" Kante haben. Ein reiner Leporellofalz funktioniert nicht. Hier empfiehlt sich, die letzten beiden Seiten um die anderen herumzuschlagen.

Tipp 43 **Papier lässt sich besonders gut manuell falzen, wenn Sie es vorher an der betreffenden Stelle mit der Rückseite einer Messerklinge leicht eindrücken.**

Papierqualität

Die Stärke oder Dicke von Papier wird in g/m^2 angegeben. Da ein DIN-A4-Bogen ein 16tel eines DIN-A0-Bogens groß ist, wiegt er auch entsprecht ein 16tel. Bei einem Gewicht von 80 g/m^2 sind das bei einem DIN-A4-Briefbogen 5 g.

Die üblichen Gewichtsklassen

→ 50–60 g Florpostbeilagen/Mailings
→ 80–100 g Briefbogen/Kopierpapier
→ 100–135 g hochwertiges Briefpapier, Prospekte
→ 170 g Mindestgewicht für Postkarten
→ 200 g Visitenkarten

Ein weiteres Qualitätsmerkmal ist die Oberfläche eines Bogens, matt oder glänzend. Je geschlossener die Oberfläche, desto schärfer der Druck, desto besser sehen Abbildungen aus. Häufig werden Papiere mit einer Kreideschicht, dem so genannten „Strich", versehen. So kann die Oberfläche matt oder hochglänzend werden.

Je mehr Holzanteil ein Papier enthält, desto dichter (= opaker) ist es. Wichtig ist dies besonders bei sehr dünnem Material, wie es für Kataloge verwendet wird.

Welches Papier wofür?

Bei der Wahl des richtigen Papiers spielt auch eine Rolle, was Sie damit vorhaben. Wenn Sie zum Beispiel Briefbögen mit einem Tintenstrahldrucker beschreiben wollen, sollte das Papier die Tinte gut aufnehmen. Sie sollte nicht verlaufen und nicht abperlen. Testen Sie im Zweifelsfall ein Papiermuster.

Für Prospekte und Plakate ist mattes oder mattgestrichenes Papier eine gute Wahl. Die Oberfläche glänzt nicht und die Bilder „stehen" gut, sind scharf und haben eine gute Detailzeichnung. Wenn die Abbildungsqualität eine wichtige Rolle spielt, sollten Sie hochglänzendes Material verwenden. Wie bei einem Hochglanzfotoabzug wirken die Bilder noch etwas schärfer.

Tipp 44 **Berechnen Sie vorher das Gesamtgewicht eines Mailings. So können Sie vor Druckbeginn durch die richtige Papierwahl evtl. einiges an Porto sparen.**

Ökologie

Heute werden so gut wie alle Papiere umweltschonend hergestellt. Die Papierindustrie hat in den letzten Jahren viel dafür getan, den Anforderungen des Marktes zu entsprechen. Andere Materialen sind mittlerweile selten und fast nicht mehr verkäuflich. Sie sind lediglich für spezielle Anwendungen zu finden.

Druckverfahren

Das heute übliche Druckverfahren ist der Offsetdruck. Im Unterschied zum Buchdruck, den Johannes Gutenberg erfunden hat, werden nicht die hoch stehenden Buchstaben/Flächen mit Farbe versehen und aufs Papier gedruckt, sondern der chemische Unterschied zwischen Fett und Wasser wird genutzt. Zum Drucken verwendet man Platten, die an allen Stellen, die gedruckt werden sollen, mit einer wasserabweisenden und damit fettfreundlichen Schicht versehen sind, alle anderen nehmen beim Farbauftrag keine Druckfarbe an. Diese Farben sind fettbasierend.

Offsetdruck
Offsetdruckmaschinen drucken heute in der Regel mit 4 oder 5 Farben gleichzeitig in einem Format von 50 x 70 oder sogar 70 x 100 cm. Für große Auflagen gibt es Maschinen, die Endlosmaterial von der Rolle verarbeiten: Rollenoffset.

Wenn es auch das Offsetdruckverfahren selbst seit vielen Jahren gibt, so hat sich bei der Herstellung der Druckplatten in den letzten Jahren eine Menge getan. Bis in die 90er Jahre des letzten Jahrhunderts hinein brauchte man für die Herstellung von Druckplatten Filme, so genannte Lithos. Heute kann man die Druckplatten direkt belichten. „Computer-to-plate" (CTP) heißt dieses Verfahren.

Alles digital
Komplett digitale Offsetdruckmaschinen sind noch nicht sehr verbreitet – und wenn, dann nur in kleineren Formaten (Heidelberger DI zum Beispiel). Jahrelang war Postscript das Dateiformat, in dem Druckereien die Druckdaten entgegennehmen wollten.

PDF (Abkürzung von engl.: portable document file)
Mittlerweile hat sich Adobes® PDF-Format weltweit durchgesetzt. Der Vorteil: kleine Dateien, die alle Schriften und Bilder beinhalten und die sogar auf dem Monitor vorher kontrolliert werden können.

Nachteil: Weil viele Parameter eingestellt werden müssen, ist die Gefahr groß, ohne die entsprechende Sachkenntnis genau die falschen Einstellungen vorzunehmen. Fragen Sie deshalb in der Druckerei genau nach, wie Sie die Dateien anlegen sollen.

Telefon 02 34 56/12 34 57 80, Telefax 02 34 56/12 34 56 78-99
www.für-Gott-werben.de/Petrus-Gemeinde, Petrus-Gemeinde@für-Gott-werben.de
Pastor Theo Logisch, Salzstraße 12, 54321 Weidenbach
Konto 123 456 78 bei der BSK Weidenbach, BLZ 987 654 32

fromm. fröhlich. frei.

Petrus-Gemeinde

Petrus-Gemeinde, Schmaler Weg 7, 54321 Weidenbach

Druckhaus Weidenbach
Frau Brigitte Plate
Gutenbergstraße 2
54321 Weidenbach

Weidenbach, 31. April 2000

Druckanfrage

Sehr geehrte Frau Plate,
bitte senden Sie mir ein schriftliches Angebot über

Objekt:	Gemeindebrief
Format:	DIN A5
Umfang:	32 Seiten
Auflage:	500 Stück, alternativ 1.000 und 2.000
Farbe:	2/2-farbig (Schwarz + Blau HKS 39)
Papier:	135 g/m² Galaxi (oder vergleichbar)
Verarbeitung:	geheftet (Rückendraht)
Vorlage:	alle Seiten als PDF auf CD (Indesign 3.0.1)
Liefertermin:	15. Mai 2000
Lieferanschrift:	Weidenbach, Schmaler Weg 7 (Bitte vorher anrufen, damit jemand da ist.)

Für Rückfragen stehe ich gerne zur Verfügung.

Mit freundlichem Gruß

Auflage: Sie müssen mit Mehr- oder Minderlieferung von bis zu 10 % rechnen. Das ist üblich. Wenn Sie dies nicht wollen, vereinbaren Sie es vorher.

Alternative Auflage: So können Sie im Angebot erkennen, wie hoch die Fixkosten sind. Die zweiten 500 kosten einen Bruchteil der ersten.

2/2-farbig bedeutet: auf beiden Bogenseiten 2-farbig.
4/0-farbig würde heißen: eine Seite vierfarbig, eine unbedruckt.

Blau HKS 39 ist eine Sonderfarbe. Bei solchen Farben geben Sie den genauen Typ an. Mehr dazu auf Seite 116.

Vorher anrufen: Vereinbaren Sie einen verbindlichen Termin – und sorgen Sie dafür, dass jemand bei der Anlieferung da ist.

Farb-Laserdruck

Für kleine Auflagen sind digitale Druckmaschinen (Laserdrucker) auf dem Markt, die ohne die Fixkosten für Druckplatten und Maschineneinrichtezeiten wie im Offsetdruck auskommen und daher für Kleinstauflagen konkurrenzlos günstig sind. Ab einer Auflage von etwa 500–1.000 Stück lohnt allerdings der Offsetdruck.

Welche Druckerei ist die richtige?

Bevor Sie in einer Druckerei anfragen, sollten Sie wissen, welche Druckmaschinen und welche Weiterverarbeitungsmöglichkeit eine Druckerei bietet. Für einen Gemeindebrief mit einer Auflage von 500 Stück, mit 32 Seiten im Format DIN A5 mit zwei Farben, brauchen Sie keine 70/100-Vier-Farben-Maschine.

Richtig wäre hier eine Druckerei mit einer kleineren 50/70-Ein- bzw. Zweifarben-Maschine. Zwar würde der Auftrag auf der großen Maschine (70/100) „in einem Rutsch" laufen, denn alle erforderlichen Bögen wären in ein paar Minuten komplett gedruckt. Jedoch sind die Fix-Kosten für das Einrichten der Maschine wesentlich höher. Zum Vergleich: Man kann mit einem Sattelschlepper auch eine Streichholzschachtel transportieren. Sinnvoll ist das natürlich nicht. Umgekehrt sollten Sie einen vierfarbigen Prospekt nicht in einer kleinen Druckerei anfragen. Da ist die Farbkontrolle auf einer Vierfarbmaschine schneller und einfacher.

Druckoptimierung

Wenn Sie die Maschine kennen, auf der gedruckt wird, können Sie Ihren Auftrag „optimieren". So passen zum Beispiel 8 DIN-A5-Seiten auf einen 50/70er-Druckbogen. Von beiden Seiten bedruckt sind das 16 Seiten. Für einen 32-seitigen Gemeindebrief müssen also zwei komplette Bögen gedruckt werden. Für 28 Seiten reduzieren sich die Kosten nicht – im Gegenteil, es werden 32 Seiten gedruckt und 4 vor der Verarbeitung herausgenommen. Der Aufwand ist sogar höher.

Jede Druckerei hat eine eigene Papierauswahl auf Lager. Wenn Sie nicht auf eine bestimmte Marke bestehen, sondern nur die Qualität angeben, kann der Preis günstiger ausfallen, weil die Lagerware in größeren Mengen eingekauft wird.

Die richtige Anfrage

Bevor Sie einen Druckauftrag erteilen, sollten Sie präzise anfragen. Diese Musteranfrage enthält alle wichtigen Details, die Sie für die Kommunikation mit Ihrer Druckerei brauchen. Als Beispiel haben wir einen Gemeindebrief eingetragen.

Typografie

AbcgnpqQ: FF Thesis Sans
AbcgnpqQ: FF Thesis Mix
AbcgnpqQ: FF Thesis Serif

AbcgnpqQ: Rotis Sans Serif 65
AbcgnpqQ: Rotis Semi Sans 65
AbcgnpqQ: Rotis Semi Serif 65
AbcgnpqQ: Rotis Serif 65

Schriftarten
Aus der Vielzahl von Schriftarten greifen wir zwei große Gruppen heraus. Diese Schriften sind besonders geeignet für größere Textmengen.

Schriften mit Serifen
Serifen sind die kleinen „Füßchen“ am unteren oder oberen Ende der Buchstaben, wie im nebenstehenden Beispiel der ITC StoneSerif zu sehen ist. Die bekannteste Schrift ist die „Times“, und den Namen hat sie erhalten, weil sie als Grundschrift für die – richtig! – TIMES erfunden wurde. Zusätzlich haben diese Schriften zumeist auch einen mehr oder weniger stark ausgeprägten „Wechselstrich“ – der Strich des „O“ ist so beispielsweise unterschiedlich dick. Besonders bei Mengentexten erleichtern diese Charaktereigenschaften die Lesbarkeit enorm.

Serifenlose Schriften
Helvetica, Univers oder Frutiger sind bekannte und gute Schnitte aus dieser Gruppe. Zudem gibt es „Computermischformen“ wie die Arial. Charakteristisch sind die gleichmäßige Strichführung und die schnörkellose Klarheit. Besonders geeignet für Überschriften und kürzere Texte.

Mischformen
Natürlich gibt es eine Vielzahl von Mischformen. Zum einen solche, die zwar einen Wechselstrich, aber keine Serifen aufweisen (Optima). Oder die gleich starke Auf- und Abstriche und zugleich Serifen besitzen (American Typewriter).

Klassenübergreifende Schriftfamilien
Besonders sei an dieser Stelle auf die Schriften hingewiesen, die es quer durch die beiden großen Klassen gibt. Die 144 Schnitte der FF Thesis (in der dieses Buch gesetzt ist – übrigens die aktuelle „Hausschrift“ der ARD) und die Rotis sind gute Beispiele dafür. Vor allem bei der Rotis lässt sich der Übergang von der serifenlosen zur Serifenschrift gut erkennen. Gleichzeitig behält jeder Schnitt die typischen Rotis-Merkmale. Sie ist ein Meisterwerk von Otl Aicher, benannt nach einem Stadtteil seines Wohnortes Leutkirch.

Schriftenvielfalt oder Schriftenwirrwarr?
Daneben gibt es noch eine Vielzahl von anderen Typen, die sich zum Teil auch in Gruppen zusammenfassen lassen. Dazu gehören

→ Schreibschriften
→ gebrochene Frakturschriften
→ „dirty Fonts“ (Lesbarkeit nebensächlich)
→ Pixel-Schriften, optimiert zur Bildschirmdarstellung
→ und, und, und.

Schriftschnitte
Von den guten Schriften gibt es eine Vielzahl von Schnitten. Besonderes Beispiel dafür sind Helvetica und Univers.

Univers 39 (Thin Ultra Condensed)
Univers 49 (Light Ultra Condensed)
Univers 59 (Ultra Condensed)
Univers 47 (Light Condensed)
Univers 48 (Light Condensed Oblique)
Univers 57 (Condensed)
Univers 58 (Condensed Oblique)
Univers 67 (Bold Condensed)
Univers 68 (Bold Condensed Oblique)
Univers 45 (Light)
Univers 46 (Light Oblique)
Univers 55 (Roman)
Univers 56 (Oblique)
Univers 65 (Bold)
Univers 66 (Bold Oblique)
Univers 75 (Black)
Univers 76 (Black Oblique)
Univers 85 (Extra Black)
Univers 86 (Extra Black Oblique)
Univers 53 (Extended)
Univers 54 (Extended Oblique)
Univers 63 (Bold Extended)
Univers 64 (Bold Extended Oblique)
Univers 73 (Black Extended)
Univers 74 (Black Extended Obl.)
Univers 93 (Ultra Black Ext.)
Univers 94 (Ultra Bl. Ext. Obl.)

Oft werden zum Namen auch Kennziffern hinzugefügt. Die Ziffern bedeuten:

3x: Thin (dünn)
4x: Light (leicht)
5x: Normal
6x: Bold (halbfett)
7x: Black (fett)
8x: Extra Black (extrafett)
9x: Ultra Black (noch fetter)

x3: Extended (breit)
x4: Extended Oblique
x5: Normal
x6: Oblique (kursiv)
x7: Condensed (schmal)
x8: Condensed Oblique
x9: Ultra Condensed (sehr schmal)

Bitte widerstehen Sie der Versuchung, alle Schriften, die sich auf Ihrem Computer durch das Installieren von Programmen angesammelt haben, auch zu gebrauchen. Vieles ist einfach Schrott. Und beweisen Sie, dass Sie sich beschränken können, denn in der Beschränkung erweist sich der Meister.

Schriftgrößen

Die typografische Welt hat immer noch ein eigenes Maßsystem, den „typografischen Punkt". Viele Jahre lang war das der „Didot-Punkt" mit genau 0,3758 mm Größe. Seit Computerprogramme mit ihren Maßsystemen die Regeln vorgeben, basiert der Punkt auf dem „Inch-Zoll-Pica-Maßsystem" (pt). 1 pt entspricht genau 0,35278 mm. Obwohl man in den meisten Fällen alle Maße auch in mm angeben kann, hat sich der Punkt zur Angabe von Buchstaben-Größe oder Zeilenabstand gehalten. Bei den Schriftgrößen hat sich über die Jahrzehnte ein Standard entwickelt, der der Wahrnehmung des menschlichen Auges entspricht.

Die Größe der Schrift bemisst sich nach der Höhe der Versalien (Großbuchstaben).

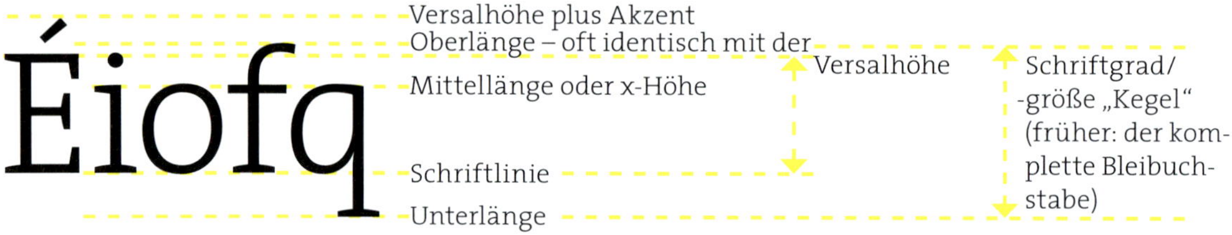

Obwohl es keine Kisten mit Bleibuchstaben oder Schriftscheiben mit festgelegten Größen mehr gibt, hat sich die Ästhetik der aufeinander aufbauenden Maße weitgehend gehalten. Man merkt einem Prospekt oder einer Buchseite an, ob die Schriftgrößen willkürlich oder gut proportioniert ausgewählt wurden.

6 pt	Konsultationsgröße für Verzeichnisse, Listen
7 pt	
8 pt	gut geeignet zum Lesen
9 pt	
10 pt	besonders große Leseschrift
11 pt	
12 pt	Zwischenüberschriften
14 pt	
18 pt	
24 pt	Überschriften, Titel und sonstige Auszeichnung
32 pt	
36 pt	
48 pt	
64 pt	
72 pt	

Der richtige Zeilenabstand
Der Zeilenabstand ist die Entfernung von einer Zeilengrundlinie zur nächsten. Er sollte für die „Grundschrift“ nie kleiner als die Schriftgröße sein. Faustregel: etwa 20 % mehr: also 10 pt Schriftgröße + 2 pt Durchschuss = 12 pt Zeilenabstand. Für Überschriften gilt das nicht. Hier kann die Schriftgröße sogar deutlich unterschritten werden.

Zwei ganz kurze
Durchschuss
Textzeilen
Zeilenabstand

Wie läuft's, eng oder weit?
Wenn Buchstabenabstände verändert werden, nennt man dies „unterschneiden“ (= enger) oder „sperren“ (= weiter). Manche Schriften brauchen bei starker Verkleinerung eine leichte Sperrung, um gut lesbar zu bleiben. Manche sollten aus ästhetischen Gründen bei starker Vergrößerung unterschnitten werden.

Die amerikanische Art des Blocksatzes, bei dem die Wörter pro Zeile unterschiedlich gesperrt werden, ist in unserem Kulturraum nicht üblich und sollte vermieden werden, weil die Zeilen eher hervorgehoben wirken und dadurch ein unruhiges Gesamtbild ergeben.

Laufweite: unterschnitten
Laufweite: normal
Laufweite: gesperrt

Ausgeglichen
Nicht jedes Computerprogramm ist in der Lage, Schriften gut auszugleichen. Dies ist aber nötig, um ein ansprechendes Gesamtbild zu erhalten. Manuelles Eingreifen ist bei großen Schriftgrößen manchmal erforderlich.

WEIDENBACH vorher

WEIDENBACH nachher: gut ausgeglichen

„Setzen“ statt „Tippen“
Ob ein Text „gesetzt“ oder nur abgetippt ist, können Sie an der Verwendung der richtigen An- und Abführung („ “ statt " "), der Gedankenstriche (– statt -) und der korrekten Gliederung von Telefonnummern mit schmalen Leerzeichen in Zweiergruppen von hinten (1 23 45 statt 12345 oder 12 34 5) erkennen.

Satzarten

Blocksatz
Alle Zeilen eines Absatzes sind gleich lang. Achten Sie beim Blocksatz auf das richtige Verhältnis von Schriftgröße und Zeilenlänge bzw. Spaltenbreite. Wenn Sie zu schmale Spalten wählen, entstehen unschöne Löcher – wie in diesem Beispiel.

Formsatz
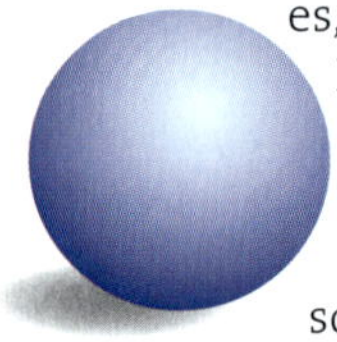

Eine schöne Möglichkeit ist es, Texte der Kontur eines Bildes oder Symbols folgen zu lassen. Wenn Sie diese Option gezielt einsetzen, kann das sehr schön aussehen.

Initialen
Schaffen Sie ein deutliches Signal am Anfang eines Abschnitts durch „hängende Initiale“ wie diese.

Eine „stehende Initiale“ ragt über die erste Zeile nach oben hinaus.

mit optischem Randausgleich

ohne Randausgleich

optischer Randausgleich
Angenehm zu sehen und ästhetisch anspruchsvoll sind Textblöcke mit optischem Randausgleich. Dabei werden nicht nur die physikalischen Maße eines Buchstabens oder Satzzeichens berücksichtigt, sondern auch das optische „Gewicht“. So werden etwa Trenn- und Gedankenstriche oder Anführungszeichen über den Rand hinausgerückt.

Rausatz
So nennt man die Art Flattersatz, bei der der rechte Rand mittels Trennungen nahezu ausgeglichen erscheint. Im Unterschied zum Blocksatz sind die Wortzwischenräume alle gleich groß.

Linksbündig
Dieser Absatz ist linksbündig ausgerichtet mit ganz sparsamer Silbentrennung.
Die Länge der Zeilen variiert deshalb stark.

Rechtsbündig
Ein Beispiel für rechtsbündigen Satz. Aufgrund der normalen Leserichtung von links nach rechts in unseren Breiten ist diese Satzart nur für kleinere Textabschnitte sinnvoll.

Mittelachsial/zentriert
Harmoniebedürftige wählen oft die Ausrichtung auf Mitte. Für größere Textmengen ist diese Satzart nicht zu empfehlen.
Wohl aber für Sprüche, Zitate oder Lyrik.

Silbentrennung
Achten Sie darauf, dass diese Option in Ihrem Programm auch für großgeschriebene Wörter aktiviert ist. Das ist bei Programmen englischsprachiger Herkunft nicht Standard.

Zeilenlänge
Bei längeren Texten („Fließtexten") sollte eine Zeile nie mehr als etwa 60 Zeichen bringen, sonst findet das Auge die nächste Zeile nicht mehr wieder. Und das erschwert das Lesen. Ebenfalls erschwerend ist es, wenn die Zeilen zu kurz werden und man von Wort zu Wort regelrecht springen muss oder wenn sich gar riesige Löcher zwischen den Wörtern zeigen, weil eine zu schmale Spalte für die Schriftgröße gewählt wurde bei gleichzeitigem Blocksatz.

Register halten
Erleichtern Sie das Lesen auch durch kleine, aber wirkungsvolle Aufmerksamkeiten. Der Text dieses Buches hält Register. Alle Zeilen stehen auf einer Linie – sogar die Vorder- und Rückseite. Diese immanente Struktur wird unbewusst wahrgenommen und sorgt für ein harmonisches Gesamtbild.

Diese Zeilen haben zwar den gleichen Zeilenabstand, halten aber nicht Register. Das sieht nicht schön aus.

Was Sie vermeiden sollten

→ **Schusterjungen und Hurenkinder**
Das sind die typografischen Fachbegriffe für einzelne Zeilen, die am Beginn oder am Ende einer Spalte „übrig geblieben sind". Sorgen Sie dafür, dass mindestens zwei Zeilen zusammenbleiben.

→ **Schmal oder breit ziehen**
Leider hat heute jeder die Möglichkeit, Schriften Gewalt anzutun. In der Regel führt das zu einem schlechten Ergebnis und beweist nur, dass der Gestalter kein typografisches Gespür für Schrift hat. Es gibt spezielle „Multiple-Master-Fonts", die für Anwendungen dieser Art erfunden wurden. Bei allen anderen gilt: Finger weg!

→ **Outline, Schatten, Verlauf, Verzerren, Extrudieren ...**
Mit dem gleichen Fingerspitzengefühl sollten Sie Effekte zur Veränderung von Schrift einsetzen. Vielfach lässt sich am Ergebnis die aktuelle Programmversion des Gestalters ablesen, der voller Freude alles einsetzt, was die Software hergibt. Aber: Solche Effekte sind kein Ersatz für Kreativität und gezielten Umgang mit den vorhandenen Möglichkeiten. Denn zu viel ist einfach zu viel.

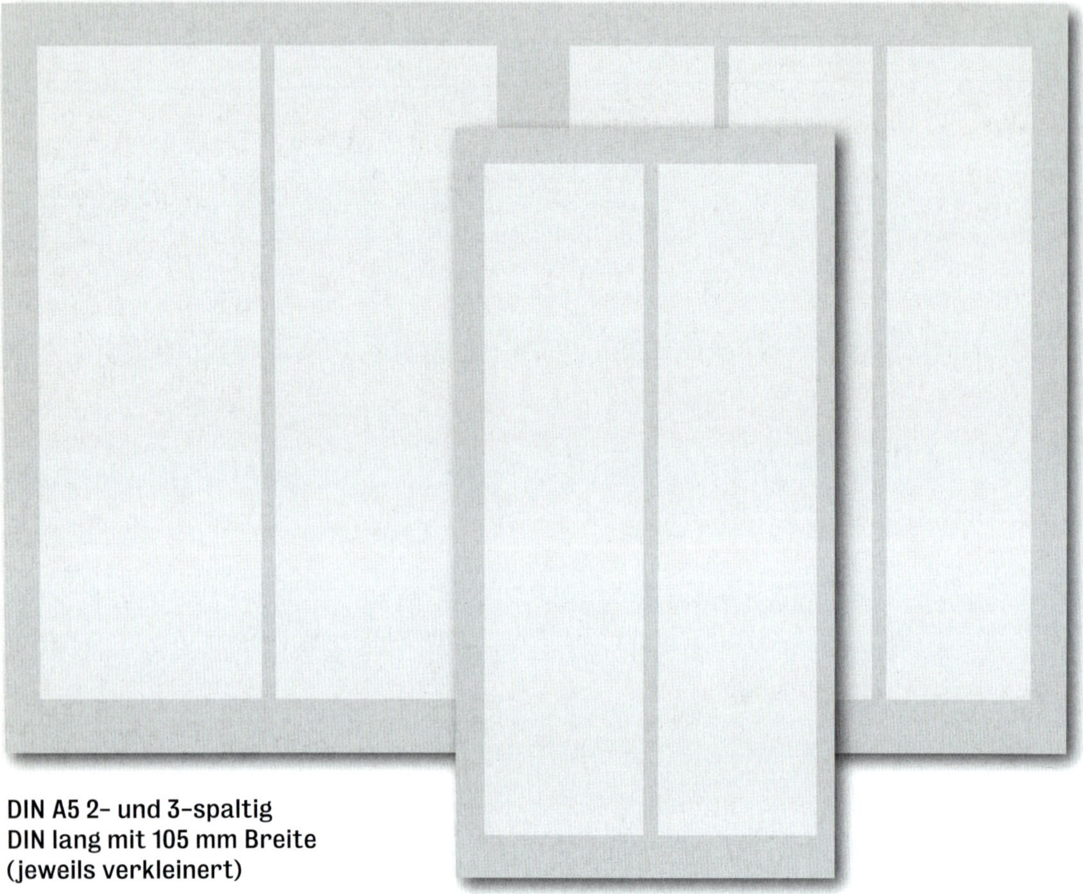

DIN A5 2- und 3-spaltig
DIN lang mit 105 mm Breite
(jeweils verkleinert)

Vorschläge für eine sinnvolle Seitenaufteilung

	DIN A4	DIN A5	DIN lang (105)	DIN lang (99)
Seitenbreite	210 mm	148 mm	105 mm	99 mm
Seitenhöhe	297 mm	210 mm	210 mm	210 mm
Rand oben	15 mm	12 mm	10 mm	10 mm
Rand unten	18 mm	15 mm	12 mm	12 mm
Rand innen	10 mm	10 mm	5 mm	5 mm
Rand außen	12 mm	10 mm	8 mm	8 mm
= Satzspiegel	188 x 264 mm	128 x 183 mm	92 x 183 mm	86 x 183 mm
1-spaltig	nicht sinnvoll	nicht sinnvoll	92 mm	86 mm
2-spaltig	92 mm	62 mm	44 mm	41 mm
3-spaltig	60 mm	40 mm	nicht sinnvoll	nicht sinnvoll
4-spaltig	44 mm	nicht sinnvoll	nicht sinnvoll	nicht sinnvoll
Spaltenabstand (mind.)	4 mm	4 mm	4 mm	4 mm
kleinstes „Modul“	4 mm	(4 mm)	4 mm	--

Typografisches Grundraster

Prospekte, Flyer, Gemeindebrief, ja sogar Anzeigen sollten einem gemeinsamen Gestaltungsprinzip folgen, dem „Typo-Raster". Dabei werden Ränder, Spaltenbreiten, Spaltenabstand und die wesentlichen Schriftgrößen sorgfältig aufeinander abgestimmt und festgelegt. Der Vorteil ist offensichtlich: Jedes Medium hat ein Gesicht, gemeinsam folgen alle dem gleichen Erscheinungsbild.

1. **Entscheiden Sie sich für das Format.**

   Vielleicht schaffen Sie es sogar unterschiedliche Formate nach dem gleichen Prinzip aufzubauen. Keine leichte Aufgabe, aber lösbar.

2. **Bestimmen Sie die Schriftgröße und den Zeilenabstand.**

   Vorsicht: Da die Darstellung auf dem Bildschirm stufenlos vergrößert und verkleinert werden kann, sollten Sie ein Muster in Originalgröße ausdrucken und die Lesbarkeit überprüfen.

3. **Legen Sie Anzahl und Breite der Spalten fest.**

   Je größer die Grundschrift, desto breiter sollten die Spalten sein. Gut ist es, wenn alle Maße in Ihrem Format auf ein gemeinsames „Modul" zurückzuführen sind. Diese immanente Struktur wird vom Auge mit wahrgenommen und sorgt für ein insgesamt ausgeglichenes harmonisches Gesamtbild.

4. **Bestimmen Sie die Ränderprogression.**

   Als Faustregel gilt: innen wenig, oben und außen mehr, unten der größte Abstand.

   Für wertvolle Werke, Bildbände und Bücher gilt ein Seitenverhältnis von 3:4:5 (oben:seitlich:unten) als ästhetisch besonders ausgewogen. Das werden Sie normalerweise nicht einhalten können, weil es zu viel Platz kostet.

5. **Sind horizontale „Raster" möglich?**

   Wenn Sie das Format auch horizontal in gleiche Teile teilen können und diese Aufteilung sogar einhalten können, werden die gestalteten Seiten besonders ausgewogen und homogen wahrgenommen.

6. **Räumen Sie auf.**

   Jetzt kann es losgehen. Das Gestalten einer Seite hat viel mit Aufräumen zu tun. Schaffen Sie klare Schwerpunkte und gewichten Sie die Elemente. Achten Sie auf das richtige Gleichgewicht von Harmonie und Chaos. Zu viel Harmonie ist langweilig, zu viel Chaos irritierend.

Tipp 45 **Benutzen Sie ein Gestaltungsraster als Geländer oder Erfolgsrezept – nicht aber als Korsett oder Käfig.**

Additive Farbmischung: Rotes plus grünes Licht ergeben zusammen Gelb. Monitorfarben stimulieren mit Rot und Grün die gleichen Sehnerven wie Gelb – das nehmen wir als Gelb wahr.

Subtraktive Farbmischung: Drucken Sie auf eine gelbe Fläche zusätzlich Magenta, werden alle Farben bis auf Rot absorbiert, nur dieser Ton wird reflektiert.

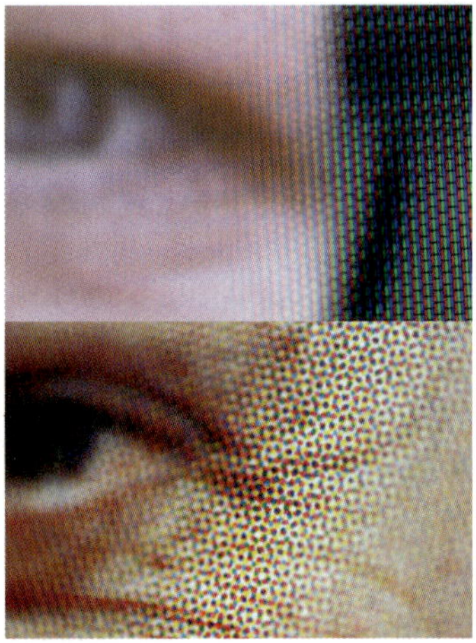

CMY – Cyan (C), Magenta (M) und Yellow (Y) – allein reichen nicht aus. Das Bild wirkt flach und flau (links). Schwarz muss deshalb die „Tiefen“ verstärken. Zu Cyan, Magenta und Yellow kommt Black (K) = CMYK (rechts).

Das sichtbare Spektrum der Farben ist deutlich größer als der RGB-Farbraum (schwarzes Dreieck). Der druckbare CMYK-Farbraum ist noch kleiner (weißes Polygon). Kein gedrucktes Bild kann den Farbumfang von echtem Licht wiedergeben. Diese Abbildung stellt das Verhältnis der Farbräume schematisch dar.

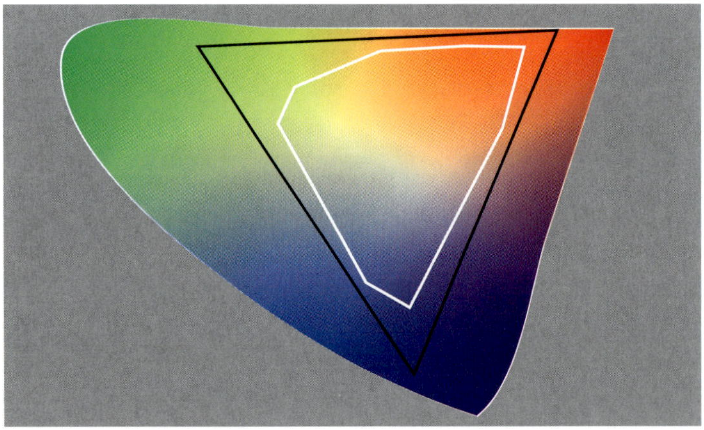

Farben

Das menschliche Auge kann ein bestimmtes Spektrum von Lichtwellen wahrnehmen und ordnet diesen Wellen unterschiedliche Farben zu. Dabei ist die Wahrnehmung höchst subjektiv. Grundsätzlich unsterscheidet man zwei Prinzipien von Farbe: solche die selbst leuchtet (Lampen, Feuer, die Sonne und der Computer- oder Fernsehmonitor gehören dazu), und solche, die Licht reflektiert. Dazu gehören Pflanzen und Steine, der Mond, Papier und Stoffe.

Das Auge hat vier unterschiedliche Farbsensoren: Stäbchen für die Wahrnehmung von Hell und Dunkel und drei Sorten von Zäpfchen für die Wahrnehmung von Rot, Grün und Blau.

Alle anderen Farben werden aus diesen Grundtönen gemischt. Da die Farbsensoren weniger lichtsensibel sind, verschwindet der Eindruck von Farbe in der Dämmerung. Ein Baum ist im Dunklen nur deshalb grün, weil unser Gehirn das „weiß".

RGB – Rot-Grün-Blau

Wenn Sie sich einen Röhren-Monitor oder ein TFT-Display aus der Nähe ansehen, stellen Sie fest, dass nur rote, grüne und blaue Punkte oder Linien zu sehen sind. Kein Gelb, kein Orange, kein Violett. Diese Töne enstehen durch die Mischung und Überlagerung der drei Grundfarben.

RGB-Töne werden vor allem für die Monitordarstellung von Internetseiten verwendet. Jeder Ton hat 16x16 Nuancen. Das sind genau 256 oder 2^8, also 8 Bit. Er wird mit einer zweistelligen Hexadezimalzahl (0-1-2-3-4-5-6-7-8-9-A-B-C-D-E-F) angegeben: Dabei stehen die ersten beiden Zeichen für „R"ot, die zweiten für „G"rün und die letzten beiden für „B"lau.

Der RGB-Ton „FF00FF" bedeutet: Rot – an, Grün – aus, Blau – an, das ergibt zusammen Magenta.

CMYK – Cyan-Magenta-Yellow-BlacK

Die jeweiligen Komplementärfarben ergeben die Grundfarben für den Offsetdruck in Europa. (Amerika hat einen etwas anderen Standard – deshalb aufpassen bei den Grundeinstellungen des Programmes.)

Alle Bilder bestehen aus kleinen Rasterpunkten, die in der richtigen Mischung die gewünschte Farbe simulieren.

Schwachpunkte dieses Farbspektrums sind der Grün- und der Orangerot-Bereich. Hier lassen sich längst nicht alle sichtbaren Töne wiedergeben.

CMYK-Farben bezeichnet man einfach mit dem Prozentwert der jeweiligen Teilfarbe. Dabei schreibt man statt 100 % nur 99. C99/M60/Y0/K0 ist demnach ein kräftiges Blau.

Drei der bekanntesten Farbpaletten sind Pantone, HKS und RAL.

Zusätzlich verwenden wir als Schmuckfarbe Orange. Beides soll in einigen Abstufungen zum Einsatz kommen. Auch die legen wir fest.

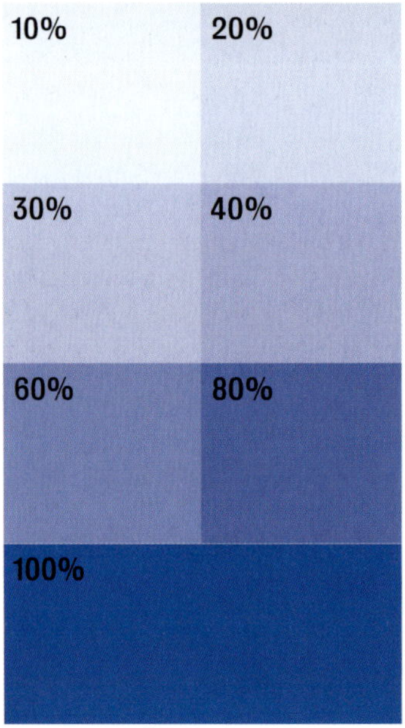

Blau:
RGB: #005AE7
Euroskala:
C99/M60/Y00/K00
HKS 43
Pantone 2728
RAL 5002

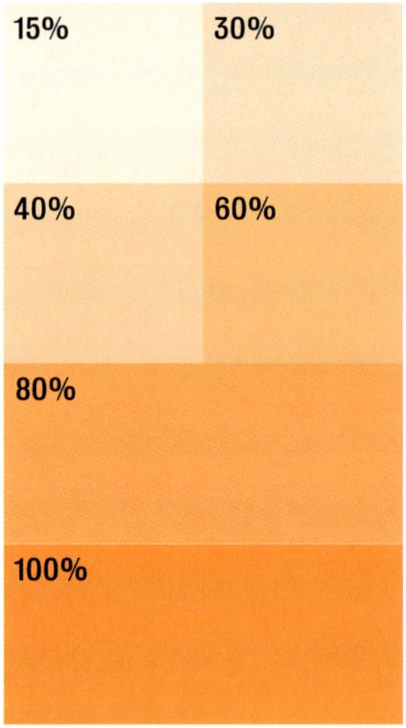

Orange:
RGB: #DDA322
Euroskala:
C00/M55/Y99/K00
HKS 8 (annähernd)
Pantone 165
RAL 2000

Sonderfarben
Natürlich können wesentlich mehr Farben gedruckt werden als die CMYK-Farben. Zur Bestimmung dieser Farbtöne haben sich zwei Farbskalen durchgesetzt. Beide bezeichnen bestimmte Töne, die fertig angemischt für jede Druckerei erhältlich sind. Für alle Sonderfarben gibt es Farbmuster, meist als Farbfächer, mit der Sie die einzelnen Farben auch zueinander ins richtige Verhältnis setzen und prüfen können.

HKS-Farben
In der Druckindustrie und im grafischen Gewerbe bekannt und verbreitet sind HKS-Farben. HKS-Fächer erhalten Sie oft kostenlos von Ihrer Druckerei.

Pantone-Farben
Ein weitaus größeres Spektrum von Farben beinhaltet die Skala der Pantone-Farben. Da es so viele Nuancen gibt haben Druckereien sie oft nicht auf Lager. Wenn Sie einen bestimmten Ton wünschen, muss die Farbe bestellt oder extra angemischt werden.

Tipp 46 **Signalisieren Sie Ihrer Druckerei, dass sich die Anschaffung einer bestimmten Sonderfarbe lohnt, weil Sie diesen Farbton zur Hausfarbe gewählt haben. Das (er)spart Ihnen manches.**

Das Ergebnis zählt.
Sowohl Pantone- als auch HKS-Farben gibt es in unterschiedlicher Zusammensetzung, je nachdem, ob sie auf mattem, glänzendem oder Zeitungspapier gedruckt werden sollen. Die Farbbezeichnungen haben dann Zusätze wie -K (Kunstdruckpapier), -Z (Zeitungspapier) oder U (uncoated). Für Sie ist das nicht relevant. Überlassen Sie die Wahl der Druckerei. Entscheidend ist, dass der Farbton auf allen Papieren identisch ist.

RAL-Farben
Wer Farben als Folie, Lack oder im Siebdruck verwendet, kommt mit den Grundfarben aus dem Druckbereich nicht sehr weit. Allenfalls die Pantoneskala ist noch relativ bekannt. Hier hilft der RAL-Fächer. Auch hier sind die Töne genormt.

Sonderfarben oder Euroskala?
Am besten bestimmen Sie die „Hausfarbe" nach Euroskala, Pantone oder HKS. Wenn Sie die Farbtöne zusätzlich als RAL-Farben definieren, haben Sie auch Ihre Hausfarben auch für Lacke und Folien festgelegt und Sie können sicher sein, immer den richtigen Ton zu treffen.

Nicht die Auflösung der Kamera entscheidet über die Bildqualität, sondern zuerst die Person hinter der Kamera.

Wenn die Auflösung eines Bildes nicht ausreicht, fällt die Pixelstruktur deutlich ins Auge (links). So kann ein für das Internet optimiertes Bild ohne Qualitätsverlust nur deutlich kleiner abgebildet werden.

Eine höhere Auflösung (z. B. 705 dpi) als die für den Druck benötigten Werte (266 dpi) bringt kein merkbar besseres Ergebnis (rechts).

Jedes gedruckte Bild wird „gerastert". Die einzelnen Raster müssen richtig gewinkelt (gedreht) werden (rechts), damit keine unschönen Rosetten oder gar ein Moirée (links) entsteht.

Fotos

Tipps zum Fotografieren

- Machen Sie sich das Licht zum Freund. Achten Sie darauf, dass Sie gute Lichtverhältnisse haben. Auch die besten Digitalkameras können die Nacht nicht zum Tag machen. Farben können nur gesehen werden, wenn sie Licht reflektieren. Je weniger Licht, desto weniger Farbe.
- Besser als direktes Sonnenlicht ist leicht bewölkter Himmel, wegen der weichen Schatten.
- Personen nie mit einem Weitwinkelobjektiv fotografieren – außer Sie wollen eine Karikatur. Besser gelingen die Aufnahmen mit einem Teleobjektiv und ein paar Schritten Abstand.
- Wenn Sie eine Person nicht direkt an eine Wand, vor eine Hecke etc. stellen, sondern etwa 2 Meter davor, können Sie mit der richtigen Blende den Hintergrund unscharf stellen. Das betont die Person im Vordergrund.
- Vermeiden Sie einen unruhigen Hintergrund (Hecke, Gebüsch, Yucca-Palme, Regal).
- Richtig gut wird eine Aufnahme bei seitlichem Licht, wenn Sie von der Gegenseite mit einer großen weißen Pappe oder einer Styroporplatte den Schatten etwas aufhellen. Probieren Sie es aus, Sie werden erstaunt sein.
- Falls Sie einen Blitz verwenden (müssen), versuchen Sie, nie direkt auf das „Ziel" zu blitzen, sondern indirekt an die Wand oder an die Decke. – Oder nutzen Sie das vorhandene Licht und hellen mit dem Blitz lediglich auf.

Tipp 47 **Lassen Sie Fotoabzüge möglichst auf Hochglanz-Papier vergrößern – niemals jedoch auf das bekannte „Riffel-Papier" (wie bei Passfotoautomaten).**

Bildgröße

Entscheidend für eine technisch gute Qualität der Fotos ist die richtige Auflösung. Dabei gelten für die Bildschirmdarstellung andere Maße als für den Druck. Jeder Bildschirm hat eine Auflösung von 72 dpi („dots per inch" = Punkte pro Inch). Ein Inch entspricht 2,54 cm.

Im Offsetdruck ist jedoch eine Auflösung von mindestens 266 dpi erforderlich. Der Grund: Alle Abbildungen werden in winzige Punkte zerlegt („aufgerastert"). Mit der Lupe kann man das gut erkennen. Mittlerweile ist ein „70er"-Raster guter Standard. „70er" heißt: 70 Punkte pro Zentimeter. Da jede der vier Grundfarben (siehe Seite 114) in einem anderen Raster-Winkel gedreht wird, muss die Auflösung etwa eineinhalbmal größer sein. Andernfalls enstehen unschöne Muster. (siehe Abbildung). Daraus ergibt sich: 70 x 1,5 x 2,54 = 266,7 dpi.

1/1 Seite angeschnitten

1/1 Seite Satzspiegel

3/4 Seite hoch

1/2 Seite hoch

1/2 Seite quer

1/4 Seite hoch,
1- und 2-spaltig

1/8, 1/16 Seite

1/4 Seite quer

1/8 Seite quer

Anzeigen schalten

Bevor Sie Anzeigen „schalten" (so heißt das in der Fachsprache), sollten Sie die Mediadaten anfordern. Hier stehen alle wichtigen Eckdaten drin – sowohl die Kosten als auch die richtigen Maße.

TZ-Anzeigen

Anzeigen in Tageszeitungen (TZ) werden in aller Regel in Millimetern angegeben und berechnet. Da die Spaltenbreite normalerweise etwa 45 mm beträgt, bedeutet „2-spaltig 100", dass die Anzeige 92 mm breit und 100 mm hoch ist.

TZ-Anzeigen sind normalerweise nur einfarbig. Durch Zusatzfarben (Achtung: auch Zusatzkosten) können Sie Ihre Anzeige zusätzlich attraktiv machen.

Anzeigen in Stadtmagazinen und Zeitschriften

Wenn es sich um Publikationen im DIN-A4-Format handelt, können Sie normalerweise nur feste Anzeigengrößen buchen, von der ganzen Seite oder sogar der Doppelseite bis zur 16tel-Seite. Beachten Sie: Je kleiner Ihre Anzeige wird, desto wahrscheinlicher landet sie im „Anzeigen-Friedhof". (Das ist die Bezeichnung für die Seiten, auf denen nur Anzeigen zu finden sind und die daher häufig überblättert werden.) Wenn eben möglich, sollte Ihre Anzeige im redaktionellen Teil erscheinen. Gut ist es auch, bei Vertragsabschluss die Platzierung festzulegen. Rechte Seiten werden stärker beachtet, deshalb sind diese Seiten besonders attraktiv.

Berücksichtigen Sie, ob die Anzeige im Satzspiegel bleibt oder bis an den Rand gehen darf. Im letzten Fall müssen Sie die Vorlage inkl. Beschnitt (3 mm) anlegen.

Tipp 48 **Wenn Sie mit dem Anzeigenvertreter der Zeitung eine längere Schaltungsperiode vereinbaren, können Sie einen guten Preis aushandeln.**

Verträge schließen

Fragen lohnt sich

Zum Teil gibt es in der Werbebranche große Preisunterschiede. Ein Vergleich von Grafikern, Druckereien etc. lohnt sich immer. Manchmal gibt es auch erhebliche regionale Unterschiede. Aber Vorsicht: Billig ist nicht immer besser. Denn was nützt ein scheinbar guter Preis, wenn die Qualität nicht zufrieden stellend ist? Vergleichen Sie deshalb nicht nur den Preis, sondern auch die Leistung. Gerade gute kreative Ideen haben ihren Preis – billig kann jeder. Auch ein ständiger Wechsel von Agenturen oder Druckereien ist nicht ratsam. Denn bei jedem Wechsel müssen auch alle Informationen zum Erscheinungsbild neu erklärt werden. Der Verlust von Qualität entsteht in vielen Fällen. Eine vertrauensvolle und langfristige Zusammenarbeit ist deshalb erstrebenswert.

Schriftlich ist besser als mündlich

Die Vereinbarung „per Handschlag“ ist möglich, aber nicht empfehlenswert. Bei allen Aufträgen sollte unbedingt ein schriftlicher Vertrag abgeschlossen werden. Das geschieht oftmals so, dass das schriftliche Angebot des Anbieters mit Ihrer Unterschrift als Kunden abgezeichnet wird. Bewahren Sie diese Schriftstücke unbedingt auf. Es hilft Ihnen vor allen Dingen dann, wenn Sie den Eindruck haben, dass das gelieferte Produkt fehlerhaft oder die abschließende Rechnung überteuert ist. Im Zweifelsfall sollten Sie sich auch über die Geschäftsbedingungen des Anbieters erkundigen.

Achtung, Nutzungsrecht!

Ein Wesensmerkmal künstlerischer Kreativität ist das Nutzungsrecht. Wer schon einmal einen Prospekt oder eine ähnliche Leistung bei einer Agentur in Auftrag gegeben hat, kennt dieses Stichwort. Kreative leben davon, dass sie ihren Kunden die Nutzung ihrer Ideen und Entwürfe gegen Honorar ermöglichen. Dies wird sogar vom Finanzamt als ein Kennzeichen künstlerischer Tätigkeit auf der Honorar-Rechnung erwartet. Es gibt zwei unterschiedliche Kategorien:

→ Das „einfache Nutzungsrecht“ räumt lediglich zeitlich und räumlich begrenzte Nutzung ein. Sinnvoll für Kampagnen, Prospekte, Anzeigen etc. Es ist nicht erlaubt, das geschaffene Projekt als Ganzes oder in ähnlicher Weise durch einen anderen Anbieter später noch einmal produzieren zu lassen. Damit machen Sie sich strafbar.

→ Das „uneingeschränkte Nutzungsrecht" dagegen ermöglicht die weltweite und zeitlich unbegrenzte Nutzung. Sinvoll für Signets und Erscheinungsbilder.

In jedem Fall bleiben Kreative immer Urheber. So regelt es das Urheberrecht. Das heißt konkret: Es ist in keinem Fall gestattet, das geschaffene Projekt selbst zu verändern oder durch einen anderen Anbieter „nachbauen" zu lassen. Gerade als Gemeinde oder Kirche sollten Sie sich nicht in die Grauzone der Illegalität begeben.

Abdruckrechte

Das Urheberrecht schützt auch den Fotografen oder Illustrator. Egal, welches Bild Sie verwenden, klären Sie vorher – am besten schriftlich –, ob und, wenn ja, zu welchen Bedingungen das möglich ist.

Das Recht am eigenen Bild

Ähnlich verhält es sich bei Fotografien von Personen. Fotografen wissen, dass Sie bei Aufnahmen die Einwilligung der abgebildeten Person brauchen. Ausnahmen sind lediglich öffentliche Situationen und prominente Personen. Dazu reicht eine formlose Erklärung, in der die Person (bei Minderjährigen die Eltern) ihr Einverständnis erklärt. Sollten Sie Zweifel daran haben, lassen Sie sich vom Fotografen diese Erklärung zeigen.

Tipp 49 **Werbung vor allem im großen Stil mit Verteilaktionen ist niemals Ersatz für die persönliche Beziehung, die Sie zu Ihren Freunden haben.**

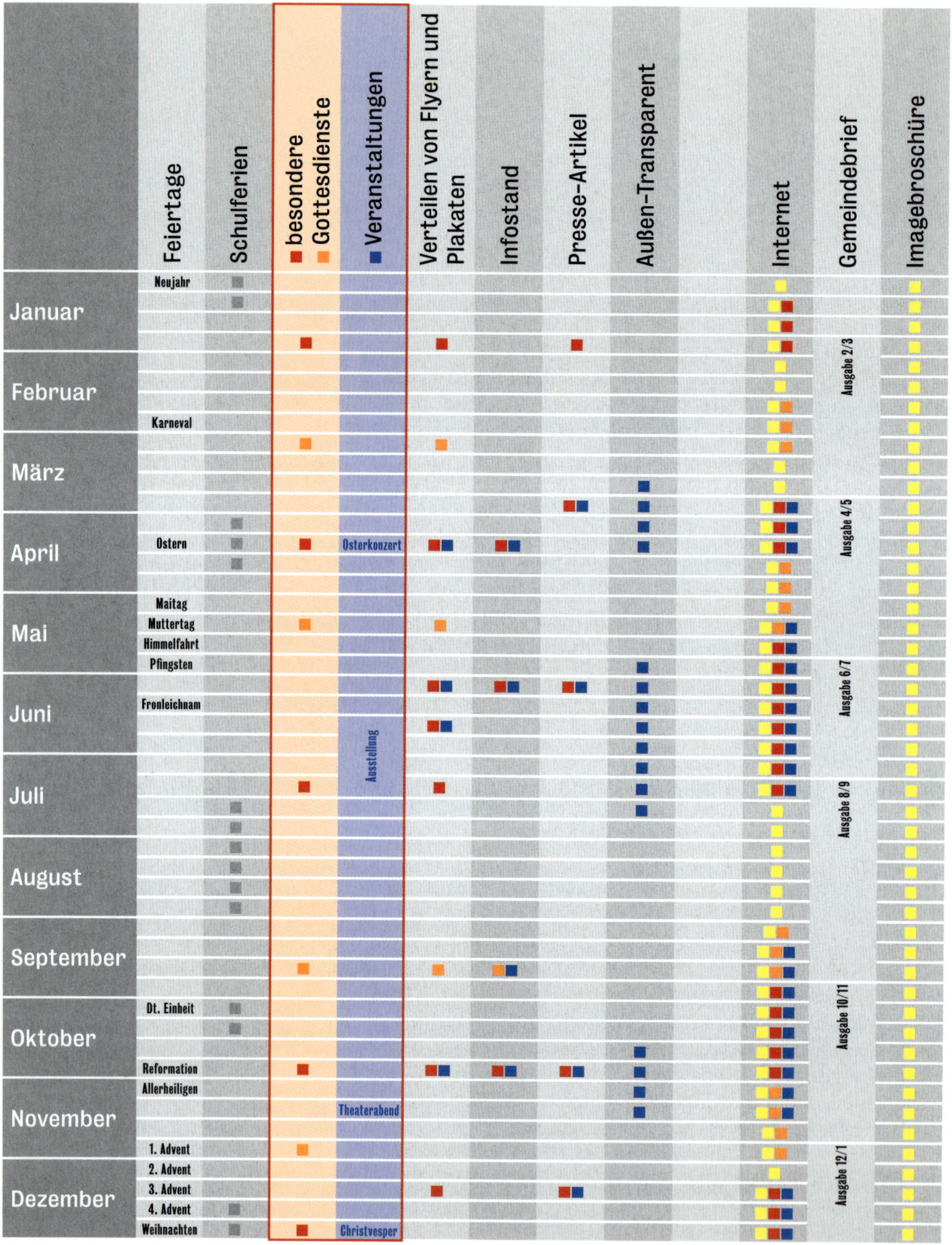
Feiertage
Schulferien
besondere Gottesdienste
Veranstaltungen
Verteilen von Flyern und Plakaten
Infostand
Presse-Artikel
Außen-Transparent
Internet
Gemeindebrief
Imagebroschüre
Januar
Februar
März
April
Mai
Juni
Juli
August
September
Oktober
November
Dezember
Neujahr
Karneval
Ostern
Maitag
Muttertag
Himmelfahrt
Pfingsten
Fronleichnam
Dt. Einheit
Reformation
Allerheiligen
1. Advent
2. Advent
3. Advent
4. Advent
Weihnachten
Osterkonzert
Ausstellung
Theaterabend
Christvesper
Ausgabe 2/3
Ausgabe 4/5
Ausgabe 6/7
Ausgabe 8/9
Ausgabe 10/11
Ausgabe 12/1

Planung

Gut geplant ist schon gewonnen

Für die systematische Planung von Werbung und Öffentlichkeitsarbeit brauchen Sie Übersicht. Am besten einen Jahresplan. Der erste Schritt ist die Ermittlung von Daten und Terminen, die Sie nicht beeinflussen können wie Feiertage und Schulferien. Dazu kommen herausragende Ereignisse wie Wahlen, Weltmeisterschaften und Olympiade genauso wie das Stadt(teil)fest, Jubiläum und Ähnliches. Versuchen Sie im ersten Schritt gedanklich das Jahr durchzugehen und stellen Sie sich die Frage, was die Menschen Ihrer Stadt oder Umgebung im Frühjahr, Sommer ... bewegt. Ungeschickt wäre es, wenn Sie zum Beispiel aus Unbedachtheit ein Konzert auf den Abend eines sportlichen Großereignisses legen würden.

Öffentlichkeitsarbeit und Gemeindeleitung

Im zweiten Schritt berücksichtigen Sie in Ihrer Planung alle eigenen Termine – die regelmäßigen und vor allem die besonderen. Das sind mit Sicherheit der Oster- und der Weihnachtsgottesdienst. Das kann ein Fest am Erntedank-Sonntag oder auch ein Basar in der Adventszeit sein. Spätestens an dieser Stelle werden Sie als Verantwortliche/r für die Öffentlichkeitsarbeit eine enge Verbindung zur Gemeindeleitung brauchen – und zu allen anderen, die Veranstaltungen planen.

Der Synergie-Effekt

Der Grund liegt in diesem Zauberwort: „Syn-Ergie", zu deutsch „Zusammen-Wirken", gemeinsam Energie entfalten. Wenn es Ihnen gelingt, unterschiedliche Medien gemeinsam zu nutzen, ist das Ergebnis, das heißt der Werbeeffekt, höher. In der nebenstehenden Tabelle sehen Sie dies am Beispiel „besonderer Gottesdienst" und „Veranstaltungen". Sowohl Anzeigen, Flyer-Verteilaktionen und Infostand als auch PR-Artikel in der Tageszeitung stützen sich gegenseitig und finden dadurch mehr Beachtung. Nach dem gleichen Prinzip werden auch die Mediapläne der Werbeagenturen erstellt. Achten Sie mal darauf. Sie werden bestimmte Anzeigenmotive manchmal wochenlang nicht sehen und dann überall gleichzeitig als Fernsehspot, auf der Litfaßsäule, als Großaffiche oder Anzeige.

Wenn Sie das Kapitel über die Gewohnheiten noch im Kopf haben, wissen Sie, warum das so besser funktioniert als kleckerweise Einzelaktionen.

Jahres-Budget
Werbung ist für Unternehmen und Organisationen ein wichtiger Baustein in der Investitionsplanung. Es gibt den berühmten Satz von Henry Ford: „Wer aufhört, zu werben um Geld zu sparen, gleicht einem, der die Uhr anhält, um Zeit zu sparen." Viele Kirchen und Gemeinden sind erstaunt, dass es sich „lohnt", an dieser Stelle zu investieren. Aber gerade weil Werbung Geld und Zeit kostet, muss man vorher gut planen, um sich nicht zu übernehmen. Vor allem aber nicht improvisieren. Ungeplante Schnellschüsse, veranlasst von Verantwortlichen einzelner Arbeitsbereiche, reißen am Jahresende viel größere Löcher in den Gemeinde-Etat als das gut geplante „synergetische" Vorgehen.

Der lange Atmen
Rechnen Sie bei Ihrer Planung die „Lebensdauer" der einzelnen Maßnahmen ein. Gerade wenn Sie die Öffentlichkeitsarbeit aufbauen, sind oft viele Investitionen nötig. Aber viele tragen über Jahre: die Entwicklung eines Erscheinungsbildes, die Imagebroschüre, Vordrucke.

Vielleicht sollten Sie über die regelmäßige Schaltung von Anzeigen erst im zweiten oder dritten Jahr nachdenken. Denn wichtig ist (noch mal das Stichwort „Gewohnheit") der lange Atem. Wenn Sie nur eine Anzeige schalten wollen, überlegen Sie sich gut, ob Sie das überhaupt tun. Das hat relativ wenig Wirkung. Wenn Sie aber regelmäßig „dran"-bleiben, werden Sie nach einigen Monaten oder ein bis zwei Jahren merken, dass die Menschen, die Sie ansprechen, wissen, wer und wo Ihre Gemeinde ist.

Tipp 50 **Eine der wichtigsten Voraussetzungen für „gute" Werbung ist es, mit offenen Augen durch die Welt zu laufen, um zu wissen, was dran ist. Tun Sie das?**

Die Autoren

Andreas Junge, geb. 1957, verheiratet, zwei Töchter. Studierte Kommunikationsdesign und ist seit 1991 geschäftsführender Gesellschafter der Design-Agentur Junge|Kleschnitzki im Ruhrgebiet. Im Rahmen von Seminaren berät er außerdem Unternehmen, gemeinnützige Organisationen und Kirchen zum Thema Corporate Design. Kontakt: Junge@für-Gott-werben.de

Arndt Schnepper, geb. 1966, ist Theologe und Journalist. Als Pressesprecher des Bundes Freier evangelischer Gemeinden lebt er mit seiner Familie in Witten. Kontakt: Schnepper@für-Gott-werben.de